Theory of School Curriculum

未来を拓く教師のための
教育課程論

学習指導要領からカリキュラム・マネジメントまで

山﨑保寿 著

学陽書房

まえがき

　今日ほど，学校の教育実践に有効な教育学及び教育課程の在り方が求められている時代はない。その背景には，社会の情報化，国際化，少子高齢化などがこれまで以上の速さで進んでおり，学校教育がそれに対応しなければならないという今日的状況がある。激しい社会の変化のただ中に置かれている学校教育に対して，その現実課題に対応しうる教育理論が求められているのである。さらに，中央教育審議会答申，学習指導要領の改訂，また，国の教育振興基本計画とそれを受けた地方自治体の教育振興基本計画の策定という一連の教育改革により，新しい教育内容と教育方法の実践理論が求められているからである。

　こうした改革の間には，教育基本法及び教育三法の改正といった法整備をはじめ，教職大学院の創設，教員免許更新制の開始などの制度改革が行われている。教育基本法の改正は，昭和22年の制定以来，約60年ぶりである。教職大学院は，専門職大学院の一種としての創設であり，教員免許更新制とともに，教員養成，現職教育の在り方に転換をもたらすものである。

　さらに，この間には，学校の教育課程に直結する変化として，全国学力・学習状況調査の実施，学習指導要領の改訂などが行われた。平成19年に我が国で全国的な学力調査が悉皆で実施されたのは43年ぶりである。この全国学力・学習状況調査は，知識を問う問題と活用を問う問題という二部構成であったが，平成31年度からは両者を一体的に問う問題形式になっている。今後も，全国学力調査の結果，学習指導要領改訂の成果，教育振興基本計画の進捗状況など，これらの教

育改革の行方を見守っていく必要がある。今まさに，学校は21世紀の時代に求められる新しい教育への岐路に立っていると言ってよい。

本書は，こうした問題意識に立ち，これまでの教育理論を教育課程論と教育内容・方法論の立場から整理し，現代までの流れを俯瞰できるように意図したものである。本書は，主に２種類の読者を対象としている。

第一は，大学で教育課程論，教育内容・方法論，教職論などを学ぶ学生である。本書は，学生が，教育課程論，教育内容・方法論と教育実践とのつながりを理解できるように意図している。また，短大，専門学校等の学生が教育学や教育原理の概論を学ぶことも可能なように解説を工夫している。巻末の用語解説は，そうした配慮の１つである。

また，これらの学生が本文の内容に関する興味を深めたり，発展した学習を可能にしたりするために，各章末に課題図書の欄を設定している。課題図書は，本書の内容に関連する重要な内容や教育の最新事情についてより深く広く知るために，新書版を中心に学生が手に入れやすい書籍を示してある。教育の課題は，日々変化している。教育に関する理解を深めるためには，教育の新しい課題や教育界の動向に関心を持ち，日頃から教育の在り方について考えることが何より大切である。

第二の対象は，現在の教育課題の所在やその教育学上の位置を把握したいと考えている現職教員や教職大学院生である。今回の学習指導要領の改訂（小・中学校平成29年3月，高等学校平成30年3月）により，新しい教育課程が各学校で実施されることになった。それにより，「社会に開かれた教育課程」の理念のもと，プログラミング教育，主権者

教育，アクティブ・ラーニングなどの導入が行われ，また，カリキュラム・マネジメントの推進といった状況に，現職教員の多くは，学習指導の様相が大きく変化したという印象を持っていることであろう。

　しかし，教育学の歴史の中では，学習内容の変化や新たな学習方法の導入は必ずしも今日に限った問題ではなく，教科カリキュラムと経験カリキュラム，教科の再編と統合といった本質的な問題は，昔から議論されてきたことである。つまり，カリキュラムの中心を，児童生徒に置くか教科や学問に置くか，また，教育内容と教育方法のどちらに置くかという問題は，教育学の古くて新しい問題なのである。

　本書は，そうした教育学の根本的な問題に関心を持つ教員が，教育課程を視点に教育学のこれまでとこれからを俯瞰することができるように意図したものである。そのため，各項目の解説にあたっては，カリキュラムの構成に関するそれらの主義や考え方の違いをできるだけ明らかにするように心がけている。

　また，巻末の資料編では，教育基本法をはじめ，学校教育に関連する基本的な法令を抜粋して掲載するように努めた。さらに，教育学を基礎から学ぶ読者のために，用語解説の欄を設け，学習の便を図った。用語解説に示された基礎知識を手掛かりとし，一層発展した学習へと進んでほしい。

　本書の発刊には，学陽書房編集部に数多くの有益な助言を頂き大変お世話になった。ここに記して感謝の意を表したい。

　　　2019年8月28日

　　　　　　　　　　　　　松本大学教職センター　山﨑保寿

contents

まえがき 3

第1章
教育の基本的方法と技術

第1節 近代における教育方法の歴史と発展 16
感覚主義と事物主義 16
自然主義の展開 17
 ① ルソーの教育思想 17
 ② ペスタロッチとディースターヴェークの教育思想 ... 18
学習方法の発展 19
 ① 学習の形式的段階 19
 ② 一斉学習から個別学習へ 20
 ③ 学習の集団化の方向へ 21
実質陶冶と形式陶冶 22
進歩主義と本質主義 23

第2節 学習指導の方法 25
講義・発問・討議法 25
問題解決学習 26
発見学習 27
完全習得学習 27
プログラム学習 28
仮説実験授業 29

第3節 学習集団の編成と指導方法 30
学習集団の編成法 30
 ① 習熟度別学習集団編成 30

② バズ学習 ……………………………………………… 30
　　　③ ジグソー学習 …………………………………………… 31
　　　④ MD法 …………………………………………………… 32
　　ティーム・ティーチング ……………………………………… 32
　　　① ティーム・ティーチングの方法と現状 ………………… 32
　　　② 「総合的な学習の時間」，小学校外国語科・
　　　　 外国語活動とティーム・ティーチング ………………… 33
　　モジュール学習 ………………………………………………… 33
　　主体的・対話的で深い学び（アクティブ・ラーニング）……… 34

第2章
教育課程の定義と学習指導要領の変遷

第1節 教育課程の意義と定義 …………………………………… 40
　　教育課程の意義 ………………………………………………… 40
　　スコープとシークエンス ……………………………………… 40
　　経験カリキュラムと教科カリキュラム ……………………… 41
　　教育課程の定義 ………………………………………………… 41
　　顕在的カリキュラムと潜在的カリキュラム ………………… 42
　　　① 顕在的カリキュラム …………………………………… 42
　　　② 潜在的カリキュラム …………………………………… 43

第2節 教育課程の法的根拠 ……………………………………… 45
　　教育課程の法的根拠 …………………………………………… 45
　　　① 日本国憲法及び教育基本法 …………………………… 45
　　　② 学校教育法及び同法施行規則等 ……………………… 46
　　教育課程の届出 ………………………………………………… 47
　　学習指導要領の法的拘束性 …………………………………… 47
　　学習指導要領と教育課程 ……………………………………… 48

第3節 学習指導要領の変遷 ……………………………… 49

昭和22年の学習指導要領／
戦後の教育改革と学校教育法の制定………………… 49
昭和22年の学習指導要領の特徴 ……………………… 50
昭和26年改訂の学習指導要領／生活中心のカリキュラム …… 50
昭和26年改訂学習指導要領の特徴 …………………… 51
昭和30年社会科編の改訂／
昭和33年改訂の学習指導要領 ……………………… 52
昭和33年改訂学習指導要領の特徴 …………………… 53
昭和43年改訂の学習指導要領／
社会情勢の進展と教育内容の現代化 ………………… 53
昭和43年改訂学習指導要領の特徴 …………………… 54
昭和52年改訂の学習指導要領／第三の教育改革 …… 55
昭和52年改訂学習指導要領の特徴 …………………… 55
平成元年改訂の学習指導要領／生涯学習体系への移行 …… 56
平成元年改訂学習指導要領の特徴 …………………… 57
平成10年改訂の学習指導要領／
ゆとりの中で生きる力の育成 ………………………… 58
平成10年改訂学習指導要領の特徴 …………………… 59
平成15年の学習指導要領一部改正／ゆとり路線の修正 …… 60
平成15年一部改正学習指導要領の特徴 ……………… 61
平成20年改訂の学習指導要領／
「知識基盤社会」の中で「生きる力」………………… 61
平成20年改訂学習指導要領の特徴 …………………… 63
平成29年改訂の学習指導要領／
「社会に開かれた教育課程」の理念 ………………… 64
平成29年改訂学習指導要領の特徴 …………………… 65

第3章

「総合的な学習の時間」創設の経緯と実践事例

第1節 「総合的な学習の時間」の創設とその経緯 … 70
「総合的な学習の時間」の創設 … 70
「総合的な学習の時間」のねらいと内容 … 71

第2節 総合的な学習の歴史 … 73
総合的な学習の源流 … 73
戦後の総合的な学習と経験カリキュラム … 74

第3節 「総合的な学習の時間」の実践例 … 75
小学校における「総合的な学習の時間」の実践例 … 75
中学校における「総合的な学習の時間」の実践例 … 77
高等学校における「総合的な学習の時間」の実践例 … 82

第4章

カリキュラム・マネジメントの理論と実践

第1節 カリキュラム・マネジメントの意義と定義 … 88
教育課程とカリキュラム・マネジメントの意義 … 88
カリキュラム・マネジメントの役割 … 89
新学習指導要領とカリキュラム・マネジメントの定義 … 90
教育課程経営からカリキュラム・マネジメントへ … 90
カリキュラム・マネジメントの導入とその教育行政的背景 … 91

第2節 カリキュラム・マネジメントに関する研究動向 … 93
カリキュラム・マネジメントに関する理論的研究 … 93

カリキュラム・マネジメントの組織と文化 …………… 94
カリキュラム・マネジメントの実証的研究 …………… 94
教育行政用語としてのカリキュラム・マネジメントの普及 …… 95
授業のカリキュラム・マネジメントと
学校全体のカリキュラム・マネジメント ……………… 95
カリキュラム・マネジメントの階層的構造 …………… 97
授業主体のカリキュラム・マネジメント ……………… 97

第5章
カリキュラム・マネジメントの各プロセス

第1節 学校経営のサイクルとカリキュラム・マネジメント …… 102
学校経営のサイクルとカリキュラム・マネジメント …… 102
カリキュラム・マネジメントの総体 …………………… 103

第2節 カリキュラム・マネジメントの各プロセス …… 104
カリキュラム開発の段階 ………………………………… 104
カリキュラムの編成と実施の段階 ……………………… 105
カリキュラムの評価の段階 ……………………………… 106
カリキュラムの評価の観点 ……………………………… 106

第3節 カリキュラムの評価における留意点と主要観点の具体例 …… 108
カリキュラム評価と評価の次元 ………………………… 108
カリキュラム評価とアカウンタビリティ ……………… 109
カリキュラムの評価の対象 ……………………………… 109
カリキュラムの評価における主要観点 ………………… 110

第4節 カリキュラム・マネジメントの活性化とその方策 … 112
- 組織マネジメントの推進 … 112
- 組織マネジメントの主要事項 … 112
- カリキュラム・マネジメントの構図 … 113
- ナレッジ・マネジメントの考えを取り入れる … 114
- ナレッジ・マネジメントの具体的活動 … 115
- リーダーシップのタイプ … 115

第5節 カリキュラム・マネジメントの重点目標としての学力向上に関わる施策の経緯 … 117
- カリキュラム・マネジメントと学力向上 … 117
- 学力向上施策の経緯 … 117
- 「確かな学力」の向上を目指すための要点 … 118
- 「確かな学力」の向上を目指すカリキュラム・マネジメント … 119
- 新学習指導要領が目指す学力 … 119
- カリキュラム・マネジメントの推進に関する実践の要点 … 120

第6章
アクティブ・ラーニングの普及と実践の要点

第1節 アクティブ・ラーニングの定義と導入の教育行政的経緯 … 124
- アクティブ・ラーニングの定義と大学教育 … 124
- 能動的学修（アクティブ・ラーニング）への転換 … 124
- 学校教育とアクティブ・ラーニング … 125
- 新学習指導要領とアクティブ・ラーニング … 126
- アクティブ・ラーニング導入の教育行政的な経緯 … 126

第2節 アクティブ・ラーニングと カリキュラム・マネジメントの連動 ……… 128

アクティブ・ラーニングと
カリキュラム・マネジメントの連動に関する経緯 ……… 128
教育課程行政におけるアクティブ・ラーニングの動向 ……… 129
アクティブ・ラーニングと学習評価の改善 ……… 129
アクティブ・ラーニングの条件整備活動としての
カリキュラム・マネジメント ……… 130
学習促進的評価の重要性 ……… 131

第3節 アクティブ・ラーニングとカリキュラム・マネジメントの 連動に関する実践事例 ……… 133

A高等学校におけるアクティブ・ラーニングの実践 ……… 133
効果的な連動的導入に関する要因
—校内研修との組み合わせと必然性 ……… 134
効果的な連動的導入に関する要因
—時代の変化への対応と教科横断的な指導 ……… 135

第7章

「社会に開かれた教育課程」を実現する教育環境

第1節 「社会に開かれた教育課程」の理念とその背景 … 140

現代社会における教育課題と学習指導要領の改訂 ……… 140
「社会に開かれた教育課程」の背景にある3つの要因 ……… 140
「予測困難な時代」の到来 ……… 141
「隠れた教育問題」としての人口減少問題 ……… 142
人口の自然減と社会減との重複による教育問題 ……… 144
社会総がかりの対応が必要 ……… 145

第2節 「社会に開かれた教育課程」と
　　　 カリキュラム・マネジメント……………………… 146
　　　　「社会に開かれた教育課程」の理念と3条件………………… 146
　　　　「社会に開かれた教育課程」3条件の内容…………………… 147

第3節 「開かれた学校づくり」の概念との違い…………… 148
　　　　「開かれた学校づくり」の考え………………………………… 148
　　　　「開かれた学校づくり」から
　　　　「社会に開かれた教育課程」への流れ………………………… 149

第4節 カリキュラム・マネジメントの重要性………………… 150
　　　　「社会に開かれた教育課程」とカリキュラム・マネジメント…… 150
　　　　3条件とカリキュラム・マネジメントへの位置付け…………… 151
　　　　カリキュラム・マネジメントの機能を生かした推進…………… 152
　　　　カリキュラム・マネジメントを通じた地域の人材育成………… 152

資料

- ●用語解説 ………………………………………………………… 158
- ●教育基本法 ……………………………………………………… 178
- ●学校教育法（抄）………………………………………………… 180
- ●学校教育法施行規則（抄）……………………………………… 185

第1章

教育の基本的方法と技術

　第1節では，現在実践されている教育方法がどのように発展してきたか，その歴史的背景となる近代教育思想について学ぶ。近世以降，現在まで様々な形で発展してきた教育方法及び教育内容に関する事項について，歴史と人物を中心に概説する。

　第2節では，学習指導の方法について，授業で一般に行われている講義法，発問法，討議法などの特徴を整理し，さらに，近年の代表的な方法として発見学習，完全習得学習，プログラム学習，仮説実験授業などについて述べる。

　続いて，学習集団の編成と指導方法について，課題別集団編成，習熟度別学級編成，ティーム・ティーチング，モジュール学習などについて述べる。

　学習集団の編成には，学習の目的や方法に応じて，様々な編成法がある。第3節では，現在行われている方法で将来的にも重要なものとして，習熟度別学習集団編成，バズ学習，ジグソー学習，MD法，モジュール学習などの形態と方法について解説する。関連して，学習指導方法としてアクティブ・ラーニングなども取り上げる。

第1節

近代における教育方法の歴史と発展

感覚主義と事物主義

　近世以降における教育方法の発展を歴史的に見ると，まず，ラトケ（Ratke,W.,1571〜1635）とコメニウス（Comenius,J.A.,1592〜1670）の功績が挙げられる。ラトケは，17世紀の宗教改革時代にあって，1612年に『建白書』をドイツ帝国議会に提出した。『建白書』は，実学的な立場に立つ学校改革の意見書である。この中でラトケは，祖国ドイツの統一と平和を実現するために，すべての国民に共通の言語と学芸を習得させる必要があることを説いた。ラトケは言語教授用の教科書を編纂し，母国語第一主義を強調した。そのため，ラトケは，近代教授法の創始者といわれる。

　次に，コメニウスは，チェコスロバキアに生まれ，ボヘミア同胞教団の牧師として活動した。コメニウスは，1632年に著した『大教授学』の冒頭で，「あらゆる人にあらゆる事柄を教える普遍的な技法を提示する」と述べ，教授学とは教授の技法であるとしている。コメニウスは，年齢と発育の段階に応じて4つの学校階梯を示している。すなわち，幼児期（〜6歳）は母親学校，少年期（7〜12歳）は母国語学校，若年期（13〜18歳）はラテン語学校，青年期（19〜24歳）は大学及び外国旅行という4階梯である。母親学校は各家庭に，母国語学校はすべての村に，ラテン語学校はすべての都市に，大学は各国家と大きな州に設けるものである。この学校階梯は，身分や階級を超えた学校制度の在り方を構想したものである。コメニウスの教授学を中心とした教育思想は，汎知学として知られている。

　また，コメニウスは，教材を連続的かつ段階的に配列すること，子ども

の学習能力に応じて学習内容を決定すること，具体から抽象へ，感覚的なものから思考的なものへという直感の原理といわれる方法原理を打ち出した。コメニウスは，この感覚主義と事物主義の方法原理の実証として，世界最初の絵入り教科書として画期的な『世界図絵』（1658年）を著した。

『世界図絵』には，150の項目に挿し絵がそえられている。例えば，「97 学校」の挿し絵では，当時の教師と生徒の授業風景が描かれている。『世界図絵』は，初版以来200年間近く実際に教科書として使用され，異版本は今日まで260種以上に及んでいる[1]。

ラトケやコメニウスの教育思想は，伝統的権威や迷信に支配されるのではなく理性の普遍性を認める合自然の教育思想であり，また，少数の貴族のための教育ではなく万人のための教育としてあるべき方法原理を主張したものである。それゆえに，コメニウスは近代教育学の祖といわれることもある。

自然主義の展開

1 ルソーの教育思想

18世紀に入ると，合自然の思想は，ルソー（Rousseau,J.J.,1712～1778），ペスタロッチ（Pestalozzi,J.H.,1746～1827），ディースターヴェーク（Diesterweg,F.A.W.,1790～1866）等によって，学習者である子ども自身の自然的な本性とその発達に重きを置く方向に展開した。

『エミール』を著したルソーは，人間の自然的本性を中心とした教育こそ重要であるとする自然主義的教育観を打ち出した。小説『エミール』は，架空の主人公エミールの生育史を描いた物語であり，自然・社会・事物の教育を通して理性と道徳性を身に付けていく過程と方法を描写したものである。これは単なる教育小説ではなく，認識論，存在論，宗教論などを含み，当時の身分制度を背景とした社会では初めて幼年期や青年期の教育的な意義について考察したものである。

ルソーは，教育は自然と人間と事物の3人の先生によってなされるという。自然による教育とは，人間の記憶，判断，推理，感覚，意欲などの諸能力と身体器官の発達を意味し，今日では成熟という概念に相当する。人

間による教育とは，人間がつくった身分制度の社会におけるものであり，その社会に適応した市民が形成されていくことを意味する。事物による教育とは，政治や文化に左右されない周囲の事物から自分自身の経験を獲得することである。

ルソーのいう自然とは，前述のように，人間の記憶，判断，推理，感覚，意欲などの諸能力と身体器官の発達を意味し，人間的自然といわれるものである。ルソーは『エミール』の中で，教育とは「生まれたときに私たちが持っていなかったもので，大人になって必要となるすべてのものを与える」ものと述べている。

ルソーは，『エミール』の中で次のように言っている。自然が子どもの脳を柔軟につくったのは，王様の名前や，年代日付けなどのような将来に役に立たない言葉を刻みつけさせるためではなく，「子どもに自己の義務を理解させ得るあらゆる観念が早くから子どもの頭に消し難い文字として刻みつけられ，その子どもの性質と能力とに適応した方法で，一生の間自分を導いてゆかせるためなのだ」と。

ルソーが教育思想を唱えた時代は，アンシャン・レジーム[2]といわれる身分社会である。ルソーの教育思想は，子どもの発見といわれるように，身分社会の支配から人間の自然的本性を守り，子どもらしい子どもに育つことが人間形成で重要であることを説いたのである。

② ペスタロッチとディースターヴェークの教育思想

ペスタロッチは，ルソーの「自然の教育」の影響を受け，教育の中に生活の原理を位置付けた。ペスタロッチは，スイス各地で教育思想の普及と実践に従事し，その生涯を貧民の救済と孤児の教育に捧げ，また，『ゲルトルート児童教授法』や『隠者の夕暮』を著した。彼は，人間の根本的能力を，頭（精神），心（心情），手（技術）とに分け，それらの能力の独自の法則を認めながらも調和的な発達を図ることを重んじた。彼の教育思想は「合自然の教育」として知られ，「生活は陶冶する」という言葉は有名である。ペスタロッチの教授法は，直観教授と呼ばれ，数，形，言語を直観のABCとして説いている。ペスタロッチの教育思想は，人間の諸能力は家庭的な関係の中で生活を通して陶冶されるという考えを基本とし，認

識の基本として直観を位置付け、直観から概念の形成へ至る過程を当時の考えで理論的に系統化したことに特徴がある。

ディースターヴェークは，彼以前のコメニウス，ルソー，ペスタロッチ等によって提唱されてきた教授理論を継承しながら，近代的な教授学を構築した。彼は，思想的にはフィヒテ（Fichte,J.G.,1762～1814）の影響を受け，教育理論的にはペスタロッチの教授理論を継承しながら，独自の国民教育論を展開した。ディースターヴェークは，教育の目標として，「真・善・美に奉仕する自己活動」を掲げ，自己活動の原理を主張した。この教育目標に立ち，ディースターヴェークは民衆層の教育の向上に尽力し，ドイツの民衆学校に近代的教科を導入するなど，民衆学校の整備と発展に貢献した。そのため，彼は「ドイツのペスタロッチ」とも称されている。

ディースターヴェークは，『ドイツの教師に寄せる教職教養指針』，『文明の生活問題』，『ペスタロッチは何を望んだか，われわれは何を望むか』，『自由な国の自由な学校』などを著した。特に，『自由な国の自由な学校』は，教育制度に関する彼の見解の総決算というべき書物である。その中で，ディースターヴェークは，「民衆学校は，民衆から生まれたものであり，民衆のものである」と説いている。

なお，ペスタロッチの教育思想は，その後もスペンサー（Spencer,H.,1820～1903）など多くの教育学者に受け継がれた。スペンサーは，イギリスの哲学者・教育学者で，ペスタロッチの教育思想を支持した教育論は，明治初期の日本の教育界にも影響を与えた。スペンサーは，『教育論』（Education,1861年）を著し，個人主義，功利主義の立場に立ち，教育の目的は，個人の幸福で完全な生活への準備にあるとし，科学こそ最も価値ある知識であると主張した。スペンサーの教育思想は，我が国の福沢諭吉（1835～1901）にも影響を与えた。

学習方法の発展

1 学習の形式的段階

学習過程の形式的段階として，認識の順序を示したのはヘルバルト（Herbart,J.F.,1776～1841）である。ヘルバルトは，認識の段階として，

明瞭，連合，系統，方法という4段階を提唱した。明瞭とは認識の対象をよく考えることであり，連合とはその対象に関連する事柄に関心を向けることであり，系統とはそれらを整理し系統立てることであり，方法とはそうして得られた認識をそれまでに獲得していた認識と結びつけて活用することである。

ヘルバルト学派のライン（Rein,W.,1847～1929）は，ヘルバルトの教授理論を実際の学校教育に適用しやすいものに改め，予備，提示，比較，概括，応用という5段階教授法を提唱した。この5段階教授法は，世界各国に普及し，我が国でも明治20年代から30年代にかけて盛んに取り入れられた。ただし，学習の形式的段階の方法は，普及すると同時にその形式性ゆえに，後にデューイなどによって批判されることになる。

❷ 一斉学習から個別学習へ

学習方法を大別すると，個別学習，小集団学習，一斉学習に分けられる。これを指導方法の側からみると個別指導，小集団指導，一斉指導となる。今日，一斉指導は旧来の画一的指導の代表のように扱われているが，歴史的には，18世紀頃までは個別指導が主流であり，一斉指導のほうが近代的な方法である。

一斉指導が注目されるのは，産業革命期以降19世紀初めにベル（Bell,A.,1753～1832）とランカスター（Lancaster,J.,1778～1838）が別々に考案したベル・ランカスター法からである。ベル・ランカスター法は，年長もしくは優秀な生徒を助教（monitor）として，数百人の生徒を一斉に教える方法として考案されたもので，助教法またはモニトリアル・システムと呼ばれる。

一斉指導の方法は，多数の生徒を効率良く教えることができるという利点があるものの，生徒の能力差に対応することが十分にできないという欠点がある。生徒の能力差に対応する方法として，能力別集団編成を実施したウィリアム・ハリス（Harris,W.T.,1835～1909）のセントルイス・プランがある。これは，能力別に学習集団を編成し，学期ごとに進級させる方法である。これによって，能力の高い生徒は早く進級できることになる。我が国では，明石女子師範学校附属小学校の及川平治（1875～1939）が，

欧米の教育を視察してこうした方法を取り入れ，分団学習を提唱した。

　さらに，学習を個別化させた方法としてヘレン・パーカースト（Parkhurst,H.,1887〜1973）がマサチューセッツ州のドルトンで実施したドルトン・プラン[3]がある。ヘレン・パーカーストは，モンテッソーリ法を学び，アメリカに帰国後ドルトン・プランを実施した。我が国では，大正自由教育の潮流の中で，澤柳政太郎（1865〜1927）の創立した成城小学校が，ドルトン・プランを取り入れた例として有名である。澤柳は，1917（大正6）年に成城小学校を設立し，「個性尊重の教育」「自然と親しむ教育」「心情の教育」「科学的研究を基とする教育」の4つを「希望理想」として掲げ，児童中心の教育を実施した。

　ドルトン・プランは，アサインメント（assignment）という学習進度の配当表がつくられ，それを生徒自身がチェックしながら学習するものである。午前は，実験室で主要教科(国語，数学，地理，歴史，外国語など)を個別学習を基本とした方法で学び，午後は副次教科（音楽，図工，家庭，体育など）を学級の一斉授業で学ぶものである。ドルトン・プランは，個別学習と一斉学習の両方の長所を取り入れた形態であり，パーカーストによれば学校の社会化を目指したものであった[4]。

３ 学習の集団化の方向へ

　上記のような学習の個別化の方向とは対照的に，学習の集団化によって児童生徒の社会性を育成する方法も行われた。

　ドイツのケルシェンシュタイナー（Kerschensteiner,G.,1854〜1932）の労作学校は，学級は授業のための組織であると同時に生活共同体とみなし，社会性や個性を育成することを重視した。ケルシェンシュタイナーは，知識の伝達よりも手工業的作業を通して道徳的・技術的諸能力の発達に重点をおく労作教育を主張した。これにより，集団労働によって国家や社会に有為な公民を育成することを目的とした労作学校が広まっていった。

　イェナ大学のペーターゼン（Petersen,P.,1884〜1952）は，附属学校でイェナ・プランと呼ばれる学習方法を実施した。これは，縦割りの集団活動を通して，個性と社会性の統合を目指した学校教育を実践したものである。

イエナ・プランは，学年別の学級を廃止し，下級集団（1学年～3学年），中級集団（4学年～6学年），上級集団（6／7学年～8学年），青年集団（8／9学年～10学年）の4つの基幹集団に分け，各基幹集団の中で自由な自己活動と集団の法則を体験することによって，集団生活のルールや社会性を身に付けていくことを目指したものである。所属集団は，学年を一律に割り振るのではなく，児童の能力や態度が重視された。イエナ・プランは，基幹集団では，国語と算数以外の科目を集団教授として合科教授の方法で行い，国語と算数は基礎学習課程として能力別の集団で行うものである。

実質陶冶と形式陶冶

　一般に，才能や人格などを鍛えたり訓練することを陶冶という。ヴィルマン（Willmann,O.,1839～1920）は，教育を個人としての意義と社会としての意義からとらえ，教育は個人としては内面の形成や道徳的人格形成の営みであるとした。また，「社会集団は，陶冶制度を形成する要因あるいはそれの担い手である」[5] として，社会としては国家，教会，家族などの社会結合からなる社会有機体が自己更新する営みであるととらえた。
　陶冶の考えは，その内容面を重視するか，形式面を重視するかで大きく分かれる。その第一は，実質陶冶の考え方である。科学・技術・文化の内容に関する知識を子どもに習得させることを重視し，教科の実質的，内容的価値に重きを置く立場を実質陶冶という。
　第二は，文化内容や知識をそのまま受容したり習得することに重きを置くのではなく，知的能力や思考の方法を訓練することを重視する立場で，これを形式陶冶という。形式陶冶では，1つの領域の訓練は，他の領域へ転移するという考えが基本になっている。形式陶冶には，さら2つの考え方があり，その1つは，辞書の使用法，資料の利用法，問題解決の手順といった探求の方法を身に付けることを目指すものであり，これを方法陶冶という。もう1つは，思考力，判断力，推理力，記憶力などの能力の形成を目指すものであり，これを機能陶冶という。
　実質陶冶と形式陶冶の考え方は，いずれも学習過程の重要な側面である。

これらは，学習過程の実質的側面と形式的側面であり，この両面をとらえて範疇的陶冶ということもある。今日では，教科の基本的な内容や知識を学習しながら，その学習過程で思考力，判断力，問題解決力などの能力を身に付けることによって，生活に生きて働く学力が形成されていくと考えられている。

進歩主義と本質主義

　アメリカのデューイ（Dewey,J.,1859～1952，哲学・心理学・教育学者）は，教科書中心の学習から離れ学校を小さな社会としてとらえ，そこで行われる子どもの自発的活動と生活経験を中心とする学習を行った。デューイは，1886年にシカゴに実験学校（デューイスクールと呼ばれた）を開設し，そこで子どもの自発的活動，創造的表現活動，社会的参加活動を重視した学習を展開した。その方法は問題解決学習（problem solving learning）として知られた[6]。

　問題解決学習とは，反省的思考（reflective thinking）を重視する学習方法であり，主に次の5つの段階から成り立つ学習である。①問題解決の発想（暗示），②問題の整理（知性化），③解決のための観察（仮説），④解決方策の発見と吟味（推理），⑤解決方策の適応（検証）。問題解決学習は，学習者が経験の過程においてそれを組織化していく筋道を重視したものである。

　ただし，この5つの段階は，学習指導過程として必ずしも順序だったプロセスとして行われるとは限らず，問題解決場面で同時的に行われることもある。デューイの考える学習指導では，教師は子どもの解決過程を援助する役割を担うことに重きが置かれ，児童生徒が自ら問題を解決することが重視されるのである。

　このような考え方に立って，デューイは自らの進歩主義的教育と従来の伝統的教育との違いを次のように説明する。「教育理論の歴史は，教育は内部からの発達であるという考え方と，外部からの形成であるという考え方との間にみられる対立によって特徴付けられている。またその歴史は，教育は自然的な素質を基礎におくという考え方と，教育は自然の性向を克

服し，その代わりに外部からの圧力によって習得された習慣に置き換えられる過程である，という考え方との対立によって特徴づけられている。」（ジョン・デューイ（市村尚久訳）『経験と教育』講談社学術文庫，2004年，16～17頁）。

　デューイの教育思想は，経験主義や児童中心主義を唱える進歩主義（progressivism）の人々の理論的支柱となり，当時の新教育運動が展開されていった。デューイの進歩的教育思想を実践的に継承したものとして，シカゴ郊外のウィネトカ・スクールで実践された個別化教授のウィネトカ・プラン（Winnetka plan）[7]やキルパトリック（Kilpatrick,W.H.,1871～1965）のプロジェクト・メソッド[8]などがある。進歩主義の教育思想は，我が国にも多大な影響を与えた。

　しかし，進歩主義の教育思想は，体系的知識や基礎学力を重視する本質主義（essentialism）の人々から批判されることになる。本質主義とは，人類の知的文化遺産である科学や学問を，その知識体系や教材の論理によって再構成し，系統的・計画的に学習させる方法を重視する立場である。そのため，本質主義の考えに立つ学習方法は，系統学習といわれる。

　我が国では，1947（昭和22）年の学習指導要領（試案）から経験主義の影響を強く受けた学習指導要領が編成されたが，1958（昭和33）年の改訂から基礎学力の充実と科学技術教育の振興を目指した系統学習を中心とした編成が行われるようになった。

第2節 学習指導の方法

講義・発問・討議法

　学習指導の方法として，一般的に行われるのが，講義，発問，討議である。講義法は，教師があらかじめ準備した教材の内容を口頭や板書などで説明していく方法である。講義法は，大集団による学習や一斉学習，授業の導入などの場合に取り入れられることが多い。

　発問法は，教師が児童生徒に質問を発したり問いかけたりする方法であり，講義法の中に取り入れられることが多い。討議法には，様々な方法と形態があり，議長・司会などをおいた大集団による討議，班などの小集団による討議，代表者による討論，ディベートのように形式の定まった討論などがある。

　これらの方法は，学習の状況に応じて使い分けられる。それぞれの方法の長所と短所は次のようになる。

　まず，講義法の長所は，「多数の学習者を対象にできること」「同時に同じ内容を教授できること」「体系的知識を扱うのに適すること」などである。短所としては，「個人指導が不十分になりがちなこと」「受け身の学習になりやすいこと」「単調な授業になりやすいこと」などが挙げられる。

　次に，発問法の長所は，「学習者の意欲を触発できること」「考えさせる授業ができること」「学習のフィードバックが可能なこと」などである。短所としては，「発問の質が低いと，学習者の意欲が低下すること」「単調な応答に陥ることがあること」などが挙げられる。

　そして，討議法の長所は，「自分と異なる考えや意見を知り，思考を深めることが可能なこと」「討論の方法，問題解決のプロセスを会得するこ

とができること」などである。短所としては，「偏った集団編成を行うと，討議が進行しないこと」「難しい学習課題の場合は，表面的な討議に終始しやすいこと」などが挙げられる。

学習指導の過程では，教師はこのような各種の方法が持つ長所を生かすとともに，短所を補うよう工夫を加えることが大切である。

また，この他にも，一斉学習，グループ学習，個別学習，机間巡視，座席表の活用，教材・教具の活用，視聴覚機器の活用，コンピュータ・タブレットの活用などさまざまな学習指導の方法が授業に取り入れられている。

問題解決学習

問題解決学習は，アメリカにおける経験主義教育の流れをくみ，デューイによって提唱された学習方法である。問題解決学習の背景には，経験主義と児童中心主義の思想があり，児童生徒の直接体験や生活経験を重視する学習方法である。

デューイは，「なすことは学ぶことである（Doing is learning）」と主張し，学校を小さな社会と考え，直接的経験，生活，作業，反省的思考の重要性を強調している。反省的思考では，暗示－知性化－仮説－推理－検証という場面が展開される。

前述したように，問題解決学習では，①問題解決の発想（暗示），②問題の整理（知性化），③解決のための観察（仮説），④解決方策の発見と吟味（推理），⑤解決方策の適応（検証）という学習指導過程が基本となる。ただし，このプロセスは必ずしもこの順序で行わなければならないという意味ではなく，児童生徒が問題解決に取り組む過程で生起する場面を表現したものである。

問題解決学習は，世界各国で広く実践され，戦後我が国の新教育期にも取り入れられ教育界に大きな影響を与えた。特に新設の社会科を中心として，教育内容を学問的知識の体系からではなく，児童生徒の生活の問題を解決する過程で知識・技術・態度などを統合的に指導する経験単元によって構成しようとした。1955（昭和30）年前後には，問題解決学習か系統学習かという論争が展開された。

発見学習

　発見学習とは，学習者自身が結論を導く過程に参加することによって，自らの力で学習の目的である新しい知識や概念を獲得したり，問題解決の方法を学び取ったりする学習の方法である。

　発見学習を提唱したのは，ブルーナー（Bruner,J.S.,1915〜2016）である。ブルーナーは，それまでアメリカで主流をなしていた行動主義の心理学に対して，学習における個人の内的要因や個体と環境との相互作用を重視する認知心理学を発展させた。発見学習（discovery method）とは，①学習課題の把握，②問題の予想，③仮説の設定，④検証と確認，⑤結論の発展というプロセスを踏む学習方法である[9]。

　ブルーナーは，教科を学問体系の基礎構造と捉え，教科の学習によって，学問の基礎的概念やそれらの関連構造を学習することを重視した。それによって，学問特有の思考方法を習得することができるとして，学び方を学ぶこと，レディネス（readiness）は越えられることを強調した。どんな学年の子どもにでも適切に翻案すれば教科の基本的な構造を教えることができるという仮説は有名である。ブルーナーの構造化論は，教育の現代化運動の理論的な基盤となった。

完全習得学習

　完全習得学習とは，学級の95％の子どもが完全に習得することを目指す学習方法で，ブルーム（Bloom,B.S.,1913〜1999）らによって提唱されたマスターリー・ラーニング（mastery learning）の訳である。

　ブルーム以前にも，完全習得を目指す学習は試みられている。例えば，モリソン（Morrison,H.C.,1871〜1945）によって提唱されたモリソン・プランは，科学や芸術などの文化遺産を学ぶために，いくつかのテーマについてまとめられた教材を作成し，それを学習単元として設定し完全に習得するまで段階を追って学習させるというものである。

　ブルームは，「十分な時間と適切な援助が与えられるならば，生徒の95％（トップの5％と次の90％）は，教科をかなり完全に習得するところ

まで学習することができる」[10]というマスターリー・ラーニングの理論を構築した。マスターリー・ラーニングでは，学習の前に行われる診断的評価，学習の途中で行われる形成的評価，学習の終了時に行われる総括的評価によって，学習の全過程を点検しコントロールすることによって完全な習得が目指される。

ブルームによれば，マスターリー・ラーニングを規定する変数として次の5点があるという[11]。①特定の種類の学習に対する適性，②教授活動の質，③教授内容を理解する能力，④学習者の根気，⑤規定学習時間。これらの変数を操作して，マスターリー・ラーニングを実施することが重要になる。

また，ブルームの業績には，マスターリー・ラーニングの理論のほかに，形成的評価を実施する場合の教育目標の分類学（taxonomy）がある。ブルームによる教育目標分類学では，教育目標を認知的領域（Cognitive Domain），情意的領域（Affective Domain），心理・運動的領域（Psychomotor Domain）の3領域に大別している。

教育目標の分類学は，行動目標を設定する場合に有効である。行動目標とは，学習の目標を単に「〜について理解する」というように設定するのではなく，学習や活動の結果を観察可能で測定可能な表現により目標を設定する方法である[12]。つまり，学習の評価をする場合に，教育目標の意図しているところと評価基準との関連が重要になるため，学習の目標を行動目標として設定することが重要になるのである。

プログラム学習

プログラム学習は，アメリカのスキナー（Skinner,B.F.,1904〜1990）によって創始された新行動主義の学習方法であり，当初はティーチング・マシンを用いた個別学習を特徴としていた。プログラム学習では，学習者は教材（プログラム）を各自の速さで個別に学習する。

プログラム学習には，いくつかの構成原理がある。プログラム学習は，①スモールステップの原理（教育目標を達成するまでの段階をできるだけ細かく分ける），②積極的反応の原理（ステップごとに積極的に学習した

いという意欲を喚起する），③フィードバックの原理（学習結果の確認をして誤答の場合は再学習する），④学習者検証の原理（教師が作成したプログラムの是非は学習者の発達との一致度によって最終的に検証される）などの原理から成り立っている。

プログラム学習は，学習の個別化と教授学習過程の科学化を目指したものである。プログラム学習が契機となって，学習者がコンピュータと相互にやりとりしながら学習を進めるCAI（Computer Assisted Instruction, Computer Aided Instruction：コンピュータ支援教授）の教育システムが生まれた。

仮説実験授業

以上の教育方法のほかに，我が国でも幾つかの方法が行われてきた。そのうち，ここでは，仮説実験授業を取り上げる。

仮説実験授業は，1963（昭和38）年に国立教育研究所の板倉聖宣らによって提唱された理科を中心とする授業方法である。これは，「科学的認識は目的意識的な実験によってのみ成立する」「科学的認識は社会的認識である」という2つの命題を基盤として，仮説と討論，実験と検証を重視する学習方法である。仮説実験授業では，様々なテーマに関する基本的な展開を示す授業書が作成されており，教師はそれを用いて授業を展開することができるようになっている。

仮説実験授業の展開は，①問題提示，②解答の予想，③仮説の設定と討論，④実験の実施，⑤仮説の検証というプロセスが主流になる。仮説実験授業の目指すところは，自然科学教育における主体的な人間形成であるが，仮説実験授業の方法論を取り入れて，国語，社会，保健など社会科学に関する教科の授業書も開発された。

第3節 学習集団の編成と指導方法

学習集団の編成法

1 習熟度別学習集団編成

　学習指導にあたっては，学習内容の習熟の程度に応じた指導が必要になる[13]。そのため，学校では，教科・科目によって，習熟の程度に応じた学習集団が弾力的に編成される[14]。これは，学級単位の集団で一律に教える弊を避け，生徒の学習内容に対する習得度，理解度，または技能の熟練度に応じて学習集団を編成するものである[15]。

　習熟度別学習集団を編成するにあたっては，児童生徒における学習内容の習熟度だけでなく，本人の特性や適性，本人及び保護者の希望などにも配慮し，学期末や中間時点での適切な変更が可能になるようにすることが重要である。習熟度別学習集団編成を効果的に実施するためには，適切な授業集団編成をはじめ，時間割の調整，教室の確保と環境の整備，児童生徒の集団への帰属意識や学力に関する実態分析などの課題にも配慮しなければならない。

　なお，能力別編成という言葉を用いずに習熟度別という用語を使用するのは，能力別という言葉が固定的に受け取られやすく差別意識を生みやすいのに対して，習熟度別という言葉の方が生徒の努力に応じて向上する可能性があるという意味を含んでいるためである。

2 バズ学習

　全体を6人ずつくらいの小グループに分け，各グループが6分間程度自由に討議し，それを全体の場で報告するという方法をバズ・セッション

(buzz session) という。バズとは，ハチなどがぶんぶんとうなり声をあげることをいう。

バズ・セッションの方法を取り入れたのがバズ学習である。バズ学習は，6－6法ともいい，全体の学習課題を6人程度の小集団に分かれて6分間くらい討議し，その結果を全体の場で発表する。教師は，それをまとめた後に次の課題へ発展させていくという学習方法である。このように，バズ学習の方法は，①教師が学習課題を提示する，②出された課題について個人で思考し意見や考えを持つ，③小グループに分かれて討議する，④グループ討議の結果を全体で発表する，⑤教師がまとめ次の課題へ発展させる，というプロセスをたどるものである。

バズ学習によって，学習課題に対する認識が深まるだけでなく，討議の方法，意見の聞き方，集団での学習の仕方，人間関係のつくり方などの態度的学力が身に付くことになる。バズ学習の方法は，小グループの編成を前半と後半で変えてグループ討議を2回にしたり，全体討議の後に発展課題を与えたり，専門家の講話を入れたりするなどの工夫を施すことが可能である。

③ ジグソー学習

小集団の学習活動には，バズ学習のほかに，ジグソー学習とMD法がある。ジグソー学習は，本来はアメリカの人種差別のある学級で生徒が共同して学習が進められることを目的として開発されたものである。この方法は，学習班で活動したのち，班を組み替えて同じ課題をもったジグソー班で活動し，再び元の班へ戻って報告をするというものである。

ジグソー学習の方法は，①学習班で活動する，②学習班の中で課題を分担する，③同じ課題を持ったもの同士でジグソー班をつくる，④ジグソー班で課題解決のための実験や調査を行う，⑤元の学習班に戻ってジグソー班で行った活動結果を報告する，というプロセスをたどる。

ジグソー学習によって，学習課題に対する認識の明確化，生徒間の意見交換の活発化，班を替えることによる学習の意欲化，報告による責任感の向上などを図ることができる[16]。ジグソー学習は，発展的な学習を推進するためのグループ学習の一種として，文部科学省が作成した指導資料の

中で紹介されたものである。

　2017（平成29）年改訂の学習指導要領により，主体的・対話的で深い学び（アクティブ・ラーニング）が目指されたことにより，ジグソー学習は，アクティブ・ラーニングの有力な方法の1つとして広まっている。

❹ MD法

　MD（マーケティング・ディスカッション）法は，グループ学習の一種で，子どもの活動が，市場の売り手と買い手の様子に似ていることから名づけられた小集団の学習方法である。

　その方法は，①グループごとに，観察・実験などで得られた結果を話し合ってまとめる，②グループでまとめたことを，他のグループに分かりやすく説明するための実験や展示などの準備をする，③グループごとに，前後半2回分の説明者と，他のグループに行って情報を収集する者とを決める，④グループに残った説明者は，他のグループの情報収集者に自分たちのグループのねらいや実験結果を説明し，情報収集者は自分のグループに必要な情報を収集したり質問したりする，⑤情報収集で得た新しい情報を基に，自分たちのグループのまとめを吟味する，という順序で行う。

　MD法は，発展的な学習を推進するためのグループ学習の一種として，ジグソー学習とともに文部科学省が作成した指導資料の中で紹介された。

ティーム・ティーチング

❶ ティーム・ティーチングの方法と現状

　ティーム・ティーチング（team teaching, T.T.）は，1つの学習集団の指導を複数の教師が担当する方式である。一学級一担任制の場合は，学級王国という言葉で象徴されるような学級の閉鎖性による弊害が見られることがある。ティーム・ティーチングは，複数の教師が協力して1つの学習集団を指導することにより，その弊害を除き，児童生徒の個に応じた柔軟な学習指導を実現するための方法である[17]。

　また，2008（平成20）年改訂の学習指導要領により小学校第5・6学年で年間35単位時間の「外国語活動」が必修化された。これにより，小

学校でも学級担任とALT（Assistant Language Teacher：外国語指導助手）とのティーム・ティーチングが増加している[18]。

アクティブ・ラーニングを実施する際の方法として，ティーム・ティーチングは，習熟度別少人数指導などとともに有効な方法である[19]。

2 「総合的な学習の時間」，小学校外国語科・外国語活動とティーム・ティーチング

ティーム・ティーチングは，各教科・領域で行われるが，2017（平成29）年の学習指導要領改訂（高等学校は2018（平成30）年改訂）により，主体的・対話的で深い学びを目指すアクティブ・ラーニングの積極的導入が求められ，教師間の協力的な指導の１つとして実施されている。特に，「総合的な学習の時間」は，小学校第３学年以上の教育課程に位置付けられ，環境や情報，国際理解や福祉の問題をはじめ，地域の特色を生かした探求的な学習が行われる。総合的な学習の時間では，担任教員と特別講師やボランティア等によるティーム・ティーチングが取り入れられたり，指導の効果を高める工夫として，ティーム・ティーチングや合同授業などが行われたりしている[20]。

また，小学校外国語科・外国語活動をはじめ，中学校・高等学校における外国語指導では，「ネイティブ・スピーカーなど外国語が堪能な外部人材が学級担任とティーム・ティーチングを行ったりするなど，教科化に対応する専門性を一層重視した指導体制を構築することが必要がある」とされている[21]。

なお，ティーム・ティーチングを実施する場合の課題として，ティーム・ティーチャーの協力によるカリキュラム研究や教材研究の時間の確保，ティーム・ティーチャー間の共通理解と信頼関係，役割分担の明確化，普通の授業以上に周到な指導計画と準備などが挙げられる。

モジュール学習

学習内容によっては，短い時間の学習を組み合わせたり，単独で行ったりすることによって効果を上げる方法がある。モジュール学習は，計画的

かつ目的的に短時間の学習を取り入れる方法である[22]。モジュールとは，学習の小さな単位のことである。1モジュールは，一般に10〜20分程度の時間で行う学習である。そのため，短時間学習ということもある。モジュールを単独に使ったり，幾つかを組み合わせて使ったりし，それぞれの生徒に対して学習課題によって2モジュールとか3モジュール時間の学習活動が設定される。同じモジュールを選択した生徒を中心に学習集団を編成することもある。

　モジュール学習は，2008（平成20）年改訂の学習指導要領を方向付けた中央教育審議会答申「幼稚園，小学校，中学校，高等学校及び特別支援学校の学習指導要領等の改善について」（2008.1.17）において，年間授業時数を確保するための多様な取組の1つとして提示された。2017（平成29）年改訂小学校学習指導要領総則では，「各教科等の特質に応じ，10分から15分程度の短い時間を活用して特定の教科等の指導を行う場合において，教師が，単元や題材など内容や時間のまとまりを見通した中で，その指導内容の決定や指導の成果の把握と活用等を責任を持って行う体制が整備されているときは，その時間を当該教科等の年間授業時数に含めることができること」とされ，一定の条件を満たせば，短時間学習の積み重ねを授業時数に数えることが可能とされている[23]。短い時間を活用した学習の扱いは，中学校学習指導要領及び高等学校学習指導要領の場合も同様である。

　また，短時間学習の一形態として，時間割の一定時間に固定化して行う形式の帯学習も有効である。帯学習は，中央教育審議会答申「幼稚園，小学校，中学校，高等学校及び特別支援学校の学習指導要領等の改善及び必要な方策等について」（2016.12.21）で提案されている[24]。

主体的・対話的で深い学び（アクティブ・ラーニング）

　アクティブ・ラーニング（能動的学修）は，当初，大学教育の質的転換を図るため，大学の授業での積極的導入が目指された。中央教育審議会答申「新たな未来を築くための大学教育の質的転換に向けて〜生涯学び続け，主体的に考える力を育成する大学へ〜」（2012.8.28：大学教育の質的転換答申用語集）では，アクティブ・ラーニングの説明を「教員による一方

向的な講義形式の教育とは異なり，学修者の能動的な学修への参加を取り入れた教授・学習法の総称。学修者が能動的に学修することによって，認知的，倫理的，社会的能力，教養，知識，経験を含めた汎用的能力の育成を図る。発見学習，問題解決学習，体験学習，調査学習等が含まれるが，教室内でのグループ・ディスカッション，ディベート，グループ・ワーク等も有効なアクティブ・ラーニングの方法である」としている。

今日，小・中・高等学校教育においても，主体的に学ぶ力を育て，将来にわたって必要なスキルを身に付けさせる学習法としてアクティブ・ラーニングが重視されている。その方法として，問題解決型の学習をはじめ，調査探求学習，グループ学習，ディベート，プレゼンテーション等が取り入れられる。

2017（平成29）年の学習指導要領改訂に際して，当初，アクティブ・ラーニングという用語で説明されていた学習方法は，学習が一面的な活動のみに終始することがないように，「主体的・対話的で深い学び」と表現されるようになった。ここで，「主体的な学び」とは，学ぶことに興味や関心を持ち，見通しを持って粘り強く取り組み，自らの学習活動を振り返って次につなげる学びである。例えば，自分の生活や社会と結びつけて考えたり，うまくいかなかった場合に別の解決策を見いだそうとしたりすることは，主体的な学びの1つの姿である。「対話的な学び」とは，児童生徒同士の協働，教師や地域の人との対話，先哲の考え方を手掛かりに考えること等を通じ，自らの考えを広げ深める学びである。例えば，自分の思いや考えを言葉で表現したり，教師や他の児童生徒との対話の中から，新たな手掛かりを見いだして意見を述べたりすることも対話的な学びといえる。そして，「深い学び」とは，習得・活用・探究の見通しの中で，教科等の特質に応じた見方や考え方を働かせて思考・判断・表現し，学習内容の一層深い理解につなげる学びである。例えば，現在取り組んでいる課題を解決するために既習事項と関連付けて体系化していくこと，他人の発表の中から新たな問いに気付いて提案しまとめていくことなどは深い学びといえる。

主体的・対話的で深い学びの実現を目指すためには，児童生徒のキャリア形成の視点に立ち，生涯にわたって続く学びの本質を探りながら，授業の工夫・改善を重ねることが重要である。

課題図書

- ルソー（今野一雄訳）『エミール<上・中・下>』岩波文庫，1962・63・64年
- ジョン・デューイ（市村尚久訳）『学校と社会・子どもとカリキュラム』講談社学術文庫，1998年
- ジョン・デューイ（市村尚久訳）『経験と教育』講談社学術文庫，2004年
- 市川伸一『学ぶ意欲とスキルを育てる―いま求められる学力向上策―』小学館，2004年
- 苅谷剛彦・西研『考えあう技術』ちくま新書，2005年
- 佐藤学『学び合う教室・育ち合う学校―学びの共同体の改革―』小学館，2015年
- 木村元『学校の戦後史』岩波新書，2015年
- 日本児童教育振興財団編『学校教育の戦後70年史』小学館，2016年
- 中澤渉『日本の公教育―学力・コスト・民主主義―』中公新書，2018年
- 多田孝志『対話型授業の理論と実践―深い思考を生起させる12の要件―』教育出版，2018年
- 佐藤学『学びの共同体の挑戦　改革の現在』小学館，2018年

註

(1) 髙桑・遠藤・白鳥『メディアと教育』放送大学教育振興会，1995年，67〜68頁。
(2) ancien regime：旧制度，特に1789年フランス革命以前の政治・社会組織をいう。
(3) ヘレン・パーカーストは，モンテッソーリ（Montessori,M.,1870〜1952）に学びその影響を強く受けている。モンテッソーリ教育は，子どもの自由な自己活動を基礎とし，モンテッソーリ教具といわれる子どもの発達を刺激する教具を取り入れた教育環境を特徴としている。
(4) 我が国では，学習の個別化は，オープン・スペースをもった学校を中心に個別化教育，個性化教育が実践されてきた。
(5) ヴィルマン（竹田清夫・長谷川栄訳）『陶冶論としての教授学』世界教育学選集73，明治図書，1973年，200頁。
(6) 問題解決学習は，我が国にも一部戦前から導入されていたが，一般的には戦後の学習指導要領試案(昭和22年版及び昭和26年版)に，その考え方が取り入れられ全国的に広まった。最近では，1998(平成10)年改訂(高等学校は1999(平成11)改訂)学習指導要領総則において，総合的な学習の時間の項で問題解決的な学習という表現が使われている。
(7) ウォシュバーン（Washburne,C.W.,1889〜1968）がイリノイ州ウィネトカで1919年に始めたウィネトカ・プランは，午前中に読・書・算のコモンエッセンシャルズを学び，午後は創造的活動を行う方法である。
(8) project method　学習課題に対して，学習者が自発的に企画，計画，実行することにより，課題の遂行能力や知識，理解，技術などの能力の獲得を目指す学習方法。この方法

は，教科に区分された学習ではなく学習者の生活経験を基盤とした学習方法であり，カリキュラムの相関や統合が図られるところに特徴がある。
　プロジェクト・メソッドは，1920年代のアメリカにおける進歩主義の代表的な方法論であり，我が国にも影響を与えた。プロジェクト・メソッドは，今日でも夏休みの自由研究などにその継承的形態を見ることができるという考え方もある。

(9) 我が国では，系統学習と問題解決学習の対立点を克服するものとして課題解決学習が提起された。知識の体系を重視しながら問題解決学習の方法を取り入れた形態が課題解決学習といわれるが，発見学習の方法論は，課題解決学習の方法論に近いものである。

(10) B.S.ブルーム他(梶田・渋谷・藤田訳)『教育評価法ハンドブック—教科学習の形成的評価と総括的評価—』第一法規，1973年，67頁。

(11) B.S.ブルーム他，同上書，65〜76頁。

(12) 例えば，「掛け算の方法について理解する」を行動目標として表せば，「2けたの掛け算が筆算を用いて10問中8問以上を正しく解答できる」となる。ブルームのタキソノミー(taxonomy：教育目標の分類学)では，目標を認知的領域，情意的領域，心理・運動的領域，の3領域に区分され，各領域はさらに細分化されて示されている。

(13) 習熟度別の学習集団の編成については，高等学校では1978(昭和53)年改訂の学習指導要領から，学習効果を高めるための弾力的な編成を行う方法として，数学，英語を中心に取り入れられた。中学校では1989(平成元)年改訂の学習指導要領から，「指導計画の作成等に当たって配慮すべき事項」になり，学習内容を確実に身に付けることができるよう，個に応じた指導方法の工夫改善の1つとして取り入れられている。小学校でも，2002(平成14)年1月に文部科学省が「学びのすすめ」を発表して以来，きめ細かな指導で基礎・基本を確実に習得する方法として，習熟度別の学習集団編成が取り入れられるようになっている。

(14) 習熟度の程度に応じた学習指導については，新学習指導要領(小・中学校2017(平成29)改訂，高等学校2018(平成30)年改訂)で，高等学校では学習集団の編成，中学校では学習指導の工夫として配慮することになっている。

(15) 学習内容の習熟の程度に応じた指導については，中学校・高等学校だけでなく，小学校学習指導要領でも総則において次のように示されている。2017(平成29)年改訂の小学校学習指導要領総則では，「児童が，基礎的・基本的な知識及び技能の習得も含め，学習内容を確実に身に付けることができるよう，児童や学校の実態に応じ，個別学習やグループ別学習，繰り返し学習，学習内容の習熟の程度に応じた学習，児童の興味・関心等に応じた課題学習，補充的な学習や発展的な学習などの学習活動を取り入れることや，教師間の協力による指導体制を確保することなど，指導方法や指導体制の工夫改善により，個に応じた指導の充実を図ること」とされている。

(16) 中央教育審議会答申「幼稚園，小学校，中学校，高等学校及び特別支援学校の学習指導要領等の改善及び必要な方策等について」(2016.12.21)及び学習指導要領改訂(小・中学校2017(平成29)年改訂，高等学校2018(平成30)年改訂)によって，「主体的・対話的で深い学び」が目指されたことから，ジグソー学習は，アクティブ・ラーニングを効果的に行う方法としても注目され，各学校で広く行われるようになってきている。

(17) 近年の歴史的経緯として，ティーム・ティーチングは，米マサチューセッツ州レキシントンにあるフランクリン小学校で1957年に実施され，それが原型となって，我が国へは1963(昭和38)年に紹介され，1968(昭和43)年改訂の学習指導要領総則に「教師の協力的な指導」がなされるよう工夫することが記されたことにより，我が国でも取り入れられた。(岩崎三郎「教授・学習組織の編成と運営」日本教育経営学会編『教育経営と教育課程の編成・実施』講座日本の教育経営4，ぎょうせい，1987年，148〜149頁)

⒅ 2008(平成20)年改訂の学習指導要領によって新設された小学校第5・6学年の「外国語活動」は，2017(平成29)年の改訂により，第5・6学年では教科に格上げされて「外国語」(年間授業時数70単位時間ずつ)になり，さらに，小学校第3・4学年に「外国語活動」(年間授業時数35単位時間ずつ)が新設された。

⒆ 「教職員等の指導体制の在り方に関する懇談会提言」(2015.8.26)では，アクティブ・ラーニングの視点に立った学びを推進するための教育の質を高める取り組みとして，「ティーム・ティーチング，習熟度別少人数指導，少人数学級をはじめとする少人数教育の推進は，今後とも重要な政策課題である」とされている。

⒇ 文部科学省『中学校学習指導要領解説総則編』(2017.7)では，指導方法や指導体制の工夫改善の具体例として，ティーム・ティーチングや合同授業を示している。同解説では，文部科学省の『学校評価ガイドライン』に基づく学校評価の観点として，「教育課程・学習指導」に関しては，「ティーム・ティーチング指導などにおける教師間の協力的な指導の状況」などがあることを例示している。

(21) 中央教育審議会答申「幼稚園，小学校，中学校，高等学校及び特別支援学校の学習指導要領等の改善及び必要な方策等について」(2016.12.21)。

(22) 学校全体の学習をモジュール学習で組み立てる方法に，モジュラー・スケジューリングがある。モジュラー・スケジューリングは，1970(昭和45年)年前後から人間性重視の教育を学校教育に実現するために，アメリカの中等学校を中心に実践されてきた新しい時間割の工夫である。児童生徒個人の興味や能力に適した学習を組織するために，授業時間を画一的に決めずに，生徒の要求に合わせて短い単位時間(モジュール)を設定し，これをもとに個人別の時間表を作成する方式である(日俣周二「モジュラー・スケジューリング」細谷・奥田・河野他編『新教育学大事典』第一法規，1990年，369～370頁)。

また，細谷俊夫は，17世紀の感覚的リアリズムを基盤とするラトケ，コメニウスから20世紀のプロジェクト・メソッドを創案したキルパトリック，及び労作学校のケルシェンシュタイナーまで，教授理論の展開を述べた上で，モジュラー・スケジューリングに生徒の能力が多様化したことに応ずる指導の個別化の教授理論として重要な位置付けを与えている(細谷俊夫『教授理論総説』(教授理論研究1)明治図書，1981年)。

(23) 一定の条件とは，例えば，モジュール学習が教育課程に位置付けられており，学級担任の指導，学年全体の指導等が組織的に行われ，学習内容が計画的に配分され，学習成果の把握が適切になされていることなどである。

(24) 同答申(2016.12.21)では，外国語の「教科化に伴い，小学校高学年において年間35単位時間増となる時数を確保するためには，教育課程全体の枠組みの状況を考慮すると，ICT等も活用しながら10～15分程度の短い時間を単位として繰り返し教科指導を行う短時間学習(帯学習，モジュール学習。以下「短時間学習」という。)を含めた弾力的な授業時間の設定や時間割編成を，教育課程全体を見通しながら実現していく必要がある」と述べられている。

第2章
教育課程の定義と学習指導要領の変遷

　　ここでは，学校教育の基本となる教育課程について，その基礎的事項を学ぶ。
　　第1節では，教育課程の概念及び教育課程の意義と定義を確認し，経験カリキュラムと教科カリキュラム，顕在的カリキュラムと潜在的カリキュラムなどについて述べる。
　　第2節では，教育課程の法的根拠について学び，学習指導要領の法的拘束性などについて述べる。
　　第3節では，教育課程の基準である学習指導要領について，その成立と変遷を概観する。各学習指導要領について，改訂の背景，経緯，ねらいと要点，主な特徴などを取り上げる[1]。

第1節 教育課程の意義と定義

教育課程の意義

　学校は，教育目的を実現するために，教育内容を意図的・計画的に組織し編成している。教育内容を意図的・計画的に編成したものを教育課程といい，学校の授業は，この教育課程にそって行われる。教育課程は，学校で行われる教育を現実化させるための最も基本的で重要な教育計画であるといえる。

　教育課程という用語は，本来カリキュラム（curriculum）の訳語[2]であり，その語源は競走路や走る道を意味するラテン語のクレーレ（currere）であるといわれる。教育課程は，学習者が学んでいく道，すなわち学習の課程と学習の内容を意味するものであり，さらに学習内容の組織と配列を表す言葉である。教育課程は，学校の教育を実現させるための最も重要な教育計画であり，学習者の学ぶ道を示すものであるところに教育課程の意義がある。

スコープとシークエンス

　教育課程を編成する場合の観点として，スコープ（scope）とシークエンス（sequence）という重要な概念がある。スコープとは，教育目的を実現するために教授する教育課程の内容的な領域ないしは範囲のことである。シークエンスとは，それを教える順序や系列ないしは教育内容の配列のことである。ふつう，教師が授業で扱う内容は，教育内容の領域とその範囲が整っていなければならない。その内容と範囲を表す概念がスコープ

である。

　また，学習者の理解できるレベルを超えた内容を扱うことや内容の系統性を無視したり，ばらばらの順序で教えたりすることは無意味である。教育内容の系統性を考えた配列と学習の順序が重要であり，それがシークエンスである。学校で用いられる教材，特に教科書[3]は，児童生徒の発達段階とスコープ及びシークエンスを考慮して作成されている。

経験カリキュラムと教科カリキュラム

　教育課程の概念については教育観の相違によって議論のあるところであるが，普通次のように大別される。

　その一は，教育課程は教育目標を達成するために学校において用いられる経験の総体であるとするものである。つまり，児童生徒が学校における様々な環境の中で多様な技能や知識を身に付けているという側面に重きを置き，児童生徒の日常の生活経験をも教育課程に含めて考えるものであり，しばしば経験カリキュラムと称されるものである。

　その二は，学校が地域や学校の実態，児童生徒の心身の発達に応じて教育目標に即して教育内容としての教科・科目を構造化した全体計画であるとするものである。つまり，教科の背景となる学問や技術の体系に基づいて，教科・科目・教材を構造化し，生徒が教科の学習者として学ぶという側面に重きを置くもので，しばしば教科カリキュラムと称されるものである。

　前者は，学習者の側に立って，生徒が学ぶ知識・技術・経験のすべてを教育課程としてとらえる考え方であり，後者は，教授者の側に立って，教育内容の構造化や学習の組織化を中心に教育課程として把握する考え方である。

教育課程の定義

　経験カリキュラムと教科カリキュラムには，明確な境界があるわけではなく，また，時代によって，それぞれの内部または両者を越えて，カリキ

ュラムの分化や統合が行われている。教育課程の概念は，OECD-CERIのカリキュラム開発（curriculum development）に関する事業が契機となって，教育目標，教育内容，教育方法，教材・教具，さらに教育評価までをも含む，教授＝学習活動の総体を意味する広い概念として用いられている[4]。

　このように，教育課程に関する2つの考え方及びその統合の方向を踏まえた上で，教育課程を定義すれば次のようになる。すなわち，「教育課程とは，学校が諸法令や学習指導要領に準拠しながら，その教育目標を達成するために，地域や学校の実態及び児童生徒の心身の発達に応じて，教育内容と授業時数とを配当した，学校に基礎を置く全体計画である」。

　ここで，「学校に基礎を置く」とは，OECD-CERIの事業にみられた世界的なカリキュラム開発の方向における中心概念である学校に基礎を置くカリキュラム開発（school-based curriculum development）の考えに基づくものである。我が国では，1989（平成元）年改訂の学習指導要領から，教育課程は「各学校」が編成するものとされたことにその趣旨が表れている。

　なお，教育課程とカリキュラムは，ほぼ同じ意味で使われているが，教育課程という語のほうが公的で行政的用語として用いられており，カリキュラムという語のほうが意味が広く一般的用語として用いられている。教育課程という用語を用いる場合は，後述する顕在的カリキュラムのことを意味している。一方，カリキュラムという用語を用いる場合は，顕在的カリキュラムに加えて潜在的カリキュラムをも含む場合が多い。つまり，教育課程のほうが狭義であり，教育目標を達成するために教育内容を一定の原理によって系統的に配列した全体の体系を意味している。これに対して，カリキュラムのほうが広義であり，学校において意図的または無意図的に学ばれる経験の総体を意味している。

顕在的カリキュラムと潜在的カリキュラム

1 顕在的カリキュラム

　学校における教育課程は，学校教育目標の趣旨を踏まえ，学年，学期，月，単元，週などの単位で各教科及び領域ごとに，綿密な教育計画が立てられ

ている。このように，学校教育目標にそって，意図的で計画的な教育課程に基づいて行われるカリキュラムを顕在的カリキュラム（manifest curriculum, overt curriculum, official curriculum）という。

学校の教育活動は，ふつう明確で具体的な教育計画に基づいて行われており，それが顕在的カリキュラムである。

2 潜在的カリキュラム

このように，顕在的カリキュラムという用語の意味は比較的明白であるが，潜在的カリキュラム（latent curriculum, hidden curriculum）という用語の意味は多様である。学習者は，学校において公的に明示されている教育内容だけでなく，教師の言動，授業の雰囲気，伝統的行事，学校文化，生徒文化などを通じて，様々なものを身に付けている。一般に，潜在的カリキュラムとは，学習者が学ぶべき知識体系として明文化された顕在的カリキュラムに対して，明文化されることなく伝達される知識，行動様式，思考様式，価値観などのことである。

こうした潜在的カリキュラムについて，まず，シカゴ大学のジャクソン（Jackson, P.W.）は，学級生活の中で生起する日常的現象を社会学的見地から解釈し，生徒が学級生活へうまく適応することが，顕在的カリキュラムをよりよく伝達するための機能を果たしていることを示した[5]。ジャクソンは，生徒は，3つのR（規則Rules, 規制Regulations, 慣例Routines）を教室での活動を通して学ぶことにより，教室での生活に適応するとともに，将来の社会生活に必要な知恵として価値観，態度などを知らず知らずのうちに身に付けていることを指摘した。つまり，顕在的カリキュラムを効果的に支える機能として潜在的カリキュラムが存在することになる。

次に，潜在的カリキュラムの概念を，社会階層や社会統制との関連で把握する考え方も存在する。例えば，ロンドン大学のバーンスティン（Bernstein, B. B.）は，学校が組織する教育的知識は，社会の階層構造と関係しており，学校で行われるカリキュラムが，知識の伝達を媒介にして社会統制に一定の役割を果たしていることを指摘した[6]。また，ウィスコンシン大学のアップル（Apple, M.W.）は，学校で行われているカリキュラムが，中立的に見えながら実は社会の支配的なイデオロギーを再生産

する機能を果たしていることを指摘した[7]。

　以上のように，潜在的カリキュラムの概念は多様であるが，このほかにも，学校文化や生徒文化，正規の教育課程外の活動，高等学校におけるトラッキングの問題（トラッキング＝他と区別された学校・学科・類型・コースの中で，生徒が比較的限定された進路を学び受け入れていくこと），ジェンダーに関する問題なども，潜在的カリキュラムとして作用していると見ることができる。

第2節 教育課程の法的根拠

教育課程の法的根拠

1 日本国憲法及び教育基本法

　ここでは，教育課程編成の根拠となる法的関係を整理する。教育課程の編成，内容，計画，順序，留意点等について，それらを直接示しているのは学習指導要領である。学習指導要領では，教育課程は，諸法令を踏まえ地域や学校の実態及び児童生徒の発達段階を考慮して各学校が編成するとされている[8]。教育課程編成の根拠となる諸法令とは，日本国憲法をはじめ，教育基本法，学校教育法，同法施行規則，学習指導要領のほか，地方教育行政の組織及び運営に関する法律，そして地方教育委員会の定める教育委員会規則などである。

　まず，日本国憲法では，第23条で「学問の自由」を保障し，第26条第1項では，「すべて国民は，法律の定めるところにより，その能力に応じて，ひとしく教育を受ける権利を有する」と定めて，国民の教育を受ける権利を保障している。そして第2項では，「すべて国民は，法律の定めるところにより，その保護する子女に普通教育を受けさせる義務を負ふ。義務教育は，これを無償とする」と定めて，教育を受けさせる保護者の義務を明示している。

　次に，教育基本法（2006（平成18）年改正）では，その前文で，「日本国憲法の精神にのっとり，我が国の未来を切り拓く教育の基本を確立」すると述べ，そのために基本となる教育の目的や目標を定めている。特に，教育課程の編成に直接的に関連する条文としては，第1条の「教育の目的」，第2条の「教育の目標」，第4条の「教育の機会均等」，第5条の「義務教

育」，第6条の「学校教育」，第14条の「政治教育」，第15条の「宗教教育」などがある。重要なことは，教育基本法で定められている内容が，学校教育法，学習指導要領の内容にも反映され，教育課程の根拠となる法的関係が体系化されたことである。

② 学校教育法及び同法施行規則等

　学校教育法では，教育基本法の理念を実現するために，小学校，中学校，高等学校などの学校種別に目的および目標を定めている。ここでいう目標とは，目的を達成させるための具体的な方法や筋道として掲げられている項目のことである。

　そして，同法が第30条第2項で学力の3要素を明示したことは大きな特徴である。すなわち，「生涯にわたり学習する基盤が培われるよう，基礎的な知識及び技能を習得させるとともに，これらを活用して課題を解決するために必要な思考力，判断力，表現力その他の能力をはぐくみ，主体的に学習に取り組む態度を養うことに，特に意を用いなければならない」と定めて学力の3要素を明記している。

　次いで，文部科学省令である学校教育法施行規則は，教育課程の編成に必要な種々の事項を定め，学習指導要領の法的性格を明文化している。すなわち，第50条において小学校の教育課程を編成する各教科・領域名を示し，第52条で「小学校の教育課程については，この節に定めるもののほか，教育課程の基準として文部科学大臣が別に公示する小学校学習指導要領によるものとする」と定めて，学習指導要領が国の示す教育課程の基準であることを明らかにしている。これらの規定は，小学校以外の学校種においても同様に定められている。

　また，地方教育行政の組織及び運営に関する法律は，地方教育委員会の職務権限について規定している。教育課程の編成に関しては，同法第21条第5号，第33条及び第48条の規定により，都道府県の教育委員会は，国の法令の範囲内で，教育課程に関する必要な規則を定めることができるとされている[9]。

教育課程の届出

　以上に示した諸法令の基礎の上に，各学校における教育課程の編成がなされている。編成した教育課程の届出については，地方教育行政の組織及び運営に関する法律第33条に基づいて，教育委員会が定める学校管理規則によって行われている。すなわち，地方教育行政の組織及び運営に関する法律第33条で，教育委員会は，「その所管に属する学校その他の教育機関の施設，設備，組織編制，教育課程，教材の取扱その他学校その他の教育機関の管理運営の基本的事項について，必要な教育委員会規則を定めるものとする」と規定している。この規定に基づき，各教育委員会が定める学校管理規則によって，校長が教育委員会（学校管理規則によっては教育長）に対して，教育課程の届出を行うことになっている。

　また，地方教育行政の組織及び運営に関する法律第33条第2項では，「教育委員会は，学校における教科書以外の教材の使用について，あらかじめ教育委員会に届け出させ，又は教育委員会の承認を受けさせることとする定を設けるものとする」と規定している。この規定に基づいて，各教育委員会の学校管理規則では，校長が，副読本・補助教材の使用状況を教育委員会へ届け出るという定めの条項を設けている。ただし，教科書が発行されていない教科の場合，準教科書として使用する教材については，教育委員会（学校管理規則によっては教育長）の承認が必要になる。

学習指導要領の法的拘束性

　学習指導要領を制定するにあたっては，文部科学大臣が諮問機関である中央教育審議会に，あらかじめ教育課程の基準の改善について諮問し，その答申を受けた上で，学習指導要領を作成することになっている。中央教育審議会は，「文部科学省組織令」に根拠を持ち[10]，学識経験者30人以内で組織される。この中には，教育制度分科会，生涯学習分科会，初等中等教育分科会などの4つの分科会が設けられている[11]。

　また，学習指導要領の法的拘束性については，その有無・強弱・範囲を

めぐって諸説が出され，学習指導要領の法規的性格をめぐっての論争があったが，これについては最高裁の判決が下されている[12]。現在では，学習指導要領は，国の定める教育課程の基準であるとの考えが明確になっている。

さらに，2003（平成15）年の一部改正により，学習指導要領は最低基準との見解が文部科学省から明確に表明された。すなわち，学習指導要領に示された内容を確実に指導した上で，児童生徒の実態を踏まえ，学習指導要領に示していない内容を加えて指導することができるとされた。

学習指導要領と教育課程

以上のように，我が国では，学校[13]の教育課程は，教育基本法，学校教育法，同法施行規則，学習指導要領，都道府県教育委員会や市町村教育委員会の定めなどに基づいて編成される。学校では，それらの基準を踏まえて，学校全体の年間指導計画，各学年の指導計画，各教科の指導計画などが編成される。年間指導計画では，各学期や各月の指導計画が定められ，それに基づいて単元の指導計画，週の指導計画，1日の指導計画，本時の指導計画などの細案が決められる。

また，学習指導要領の中で教育課程という用語が使われるようになったのは，1951（昭和26）年の学習指導要領一般編（試案）からで，それまでは教科課程という言葉が用いられていた[14]。教科課程の名称が教育課程と改められた理由は，それまでの「特別課程活動」を「特別教育活動」と改称し，従来より教科外の教育活動の意義を一層重視したこと，カリキュラムの意味を幅広く解釈し，児童生徒の教育的な諸経験の全体を教育課程と考えたこと等であるといわれる[15]。

同学習指導要領（一般編）の中で，「教育課程の構成は，本来，教師と児童・生徒の実践によって作られる」と述べられているように，単に教科の構成を教育課程というのではなく，「学校の指導のもとに，実際に児童・生徒がもつところの教育的な諸経験，または，諸活動の全体」を意味しているものである[16]。

第3節

学習指導要領の変遷

昭和22年の学習指導要領／戦後の教育改革と学校教育法の制定

　我が国における戦後の教育改革は，占領軍の置いた民間情報教育局（CIE）の指導により進められた。1946（昭和21）年に，米国教育使節団が来日し，我が国の教育の基本的な方向に影響を与えた第1次アメリカ教育使節団報告書が出された[17]。この報告書は，6・3・3・4制を基本とする単線型学校制度への移行，教員養成制度の改善，地方分権的な教育行政の在り方など教育制度全般にわたる改革を勧告したものであった。この時期の教育改革は，1872（明治5）年学制頒布による第一の教育改革に次ぐ第二の教育改革と呼ばれる。

　文部省は，1945（昭和20）年9月に「新日本建設ノ教育方針」，1946（昭和21）年5月に「新教育指針」を発表した。「新教育指針」は，全国の教師や師範学校生徒に直接配布された。1946（昭和21）年11月に日本国憲法が公布され，1947（昭和22）年3月には教育基本法と学校教育法が公布された。同年5月には，学校教育法施行規則が制定され，当時の学校教育法第20条（現第33条）の規定に基づいて，教科課程に関する基本的な事項を定めた。当時は，教育課程を教科課程と称していた[18]。

　文部省は，1946（昭和21）年4月に教科課程改正準備委員会を設置し，1947（昭和22）年3月20日に学習指導要領一般編（試案）を刊行した。この学習指導要領が試案とされたのは，これをもとに「新しく児童の要求と社会の要求とに応じて生まれた教科課程をどんなふうにして生かして行くかを教師自身が自分で研究して行く手びき」（序論）として編成されたからである。一般編では，教育の一般目標として，生活主義の立場から，個人生

活・家庭生活・社会生活・経済生活及び職業生活,の4つの領域に合計25項目が示され,それによって「民主的な国民を育てる」ことを目指すとされた。
　一般編に続いて,算数科,家庭科,社会科,図画工作科,理科,音楽科,国語科の各編が同年内に刊行され,1949(昭和24)年には体育科編[19]が刊行された。

昭和22年の学習指導要領の特徴

　1947(昭和22)年の学習指導要領は,我が国最初の学習指導要領であり,その主な特徴は次のとおりである。
① 従来の修身,日本歴史,地理を廃止し,新たに社会科を設けたこと。社会科の目標は,児童生徒が自分たちの社会に正しく適応し,望ましい人間関係を実現し,進んで自分たちの属する共同社会を進歩向上させることができるように,社会生活を理解させ,社会的態度や社会的能力を養うことである。
② 新たに家庭科を設けたこと。家庭科は,それまで女子のみであった家事や裁縫を改め,男女ともに課すようにしたものである。家庭科は,望ましい家族関係の理解と家族の一員としての自覚を持ち,家庭生活に必要な技術を修めて生活の向上を図る態度や能力を養うことを目標とした。
③ 新たに自由研究を設けたこと。自由研究は,児童生徒の自発的な活動を促すために,教師の指導によって児童生徒がそれぞれの興味と能力に応じて,教科の発展としての活動を行う時間として,また,学年の区別なく同好の者が集まって行うクラブ活動などを行う時間として設けられた。

昭和26年改訂の学習指導要領／生活中心のカリキュラム

　戦後の新教育期には,社会科を中心とした単元学習の試みや児童生徒の活動と経験を重視した教育課程の開発など生活中心のカリキュラムが展開されたことは特筆すべきである。

1948（昭和23）年に結成されたコア・カリキュラム連盟は，中心課程（コア・コース）と周辺課程で構成される教科の統合と生活化を目指すカリキュラムを主張した。当時実施された生活中心のカリキュラムの例として，東京の桜田プラン，神奈川の福沢プラン，奈良吉城プラン，明石プランなど，様々な形のものがある。

　こうした運動の背景には，アメリカのコミュニティ・スクール論や地域教育計画の影響があった。コミュニティ・スクール論や地域教育計画は，地域の生活，文化，政治などの課題に対して，住民参加の形によってカリキュラムの編成を目指したものである。その代表的なものには，広島県本郷町の本郷プラン，埼玉県川口市の川口プランなどがある。

　しかし，こうした生活中心のカリキュラムに対しては，基礎学力の低下が問題になり，「はいまわる経験主義」[20]という批判を受けることになる。学習指導要領では，1989（平成元）年改訂による生活科の新設まで，生活中心のカリキュラムの考えは後退することになる。

　1947（昭和22）年の学習指導要領は，戦後の極めて短期間に作成されたものであり，教科間の関連などに不十分な点があったため，改訂作業が進められることになった。1949（昭和24）年に文部省内に設けられた教育課程審議会は，1950（昭和25）年に家庭科の存否，自由研究の存否などについて答申を出し，続いて1951（昭和26）年に道徳教育の振興について答申を出した[21]。

　1951（昭和26）年に改訂された学習指導要領は，一般編と各教科編に分けて試案の形で刊行された。一般編では，教育の目標は，児童生徒の個人的・社会的必要から定められるべきであるとし，個人生活・家庭生活及び社会生活・経済生活及び職業生活，の3つの領域に合計36項目が示された。

昭和26年改訂学習指導要領の特徴

　1951（昭和26）年改訂の学習指導要領における主な特徴は次のとおりである。

① それまでの教科課程という用語を教育課程と改めたこと。教育課程には，教科以外の活動も含まれ，それにより自由研究は発展的に解消さ

れて，小学校では「教科以外の活動」，中学校及び高等学校では「特別教育活動」という名称で教科以外の活動が領域化されたこと。
② 各教科を4つの領域に分類し，各教科への配当授業時数を総授業時数に対する比率で示したこと。4つの領域とは，学習の基礎となる教科（国語，算数），社会や自然についての問題解決を図る教科(社会，理科)，主として創造的な表現活動を行う教科（音楽，図画工作，家庭），健康の保持増進を図る教科（体育）である。
③ 考査という用語の代わりに評価という語を用い，教育評価の観点と方法が明確にされていること。教育課程の評価は，教育課程の研究対象としてとらえられている。

昭和30年社会科編の改訂／昭和33年改訂の学習指導要領

　1951（昭和26）年には，日米安保条約が調印され，産業教育振興法の制定や政令改正諮問委員会による教育の制度改革に関する答申の発表など様々な社会の変化があった。この答申では，生活中心のカリキュラムに偏することを避けることが提言された。

　1953（昭和28）年には，教育課程審議会が社会科の改善に関する答申を出し，それを受けて小・中学校学習指導要領社会科編の改訂が行われ，1955（昭和30）年12月に刊行された。この改訂は，社会科における道徳教育の在り方を明確にし，地理，歴史教育の系統性や指導内容の学年別配当を明確にしたものであった。

　また，1955(昭和30)年12月には，高等学校学習指導要領も改訂された。この高等学校学習指導要領の特徴は，基準性の強いものを編成し指導試案の性格を脱したことで試案の文字を削除したこと，知的教養が偏しないようにするために必修単位数を増加したこと，教育課程の類型を設けられるようにしたことなどである。

　1958（昭和33）年に出された教育課程審議会の答申を受け，1958（昭和33）年に小・中学校の学習指導要領が改訂された。教育課程審議会答申における改訂の基本方針の第一は，道徳教育の徹底，第二は，基礎学力の充実，第三は，科学技術教育の向上である。

昭和33年改訂学習指導要領の特徴

これらのねらいを受けて，1958（昭和33）年改訂の学習指導要領における主な特徴は次のとおりである。
① 学習指導要領は，文部大臣が公示する教育課程の基準であることを明確にしたこと。学校教育法，学校教育法施行規則，官報告示という法体系により，学習指導要領が国の定める教育課程の基準であることを明確にした。
② 教育課程の領域が従来の教科と教科外活動の2領域から，各教科，道徳，特別教育活動，学校行事等の4領域へ変更されたこと。
③ 各教科及び道徳の年間最低授業時数を明示したこと。
④ 道徳の時間を特設して，道徳教育を徹底できるようにしたこと。
⑤ 科学技術教育の向上を図るために，算数，数学，理科の内容を充実させたこと。

1958（昭和33）年の改訂は，「独立国家の国民としての正しい自覚を持ち，個性豊かな文化の創造と民主的な国家及び社会の建設に努め，国際社会において真に信頼され，尊敬されるような日本人の育成を目指して行った」[22]ものであった。また，基礎学力の充実や科学技術教育の向上といったねらいに表現されているように，それまでの経験主義教育への反省から系統主義教育を重視する方向に向いたものであった。

この学習指導要領は，小学校が1961（昭和36）年度から，中学校が1962（昭和37）年度から実施された。

昭和43年改訂の学習指導要領／社会情勢の進展と教育内容の現代化

1955（昭和30）年代後半から，我が国は高度経済成長期を迎え，経済水準の向上，国際的地位の向上，生活文化の発展など社会情勢の進展がめざましくなった。それに対応し，教育内容も時代の要請に応え向上を図る必要が出てきた。

1963（昭和38）年に，経済審議会答申「経済発展における人的能力開発の課題と施策」が出され，1966（昭和41）年には中央教育審議会から「期

待される人間像」を付記した「後期中等教育の拡充整備について」の答申が出された。

また，世界的な動向として，教育内容の現代化運動が起こり，アメリカではスプートニク・ショックがそれに拍車をかけ，PSSC物理をはじめ，CHEMS化学，BSCS生物，SMSG数学など，カリキュラムの改造とそれに基づいたテキストの作成が行われた。現代化運動の理論的基礎の役割を果たしたのは，『教育の過程』(The Process of Education, 1960) を著したブルーナー（Bruner, J. S.）などであった。

教育内容の現代化が強く推進されたことにより，教育課程の比重は，内容的にも方法論的にも経験カリキュラムよりも教科カリキュラムを重視した学問中心的教育課程（discipline-centered curriculum）に移っていった[23]。

1967（昭和42）年に出された教育課程審議会の答申を受け，1968（昭和43）年に小学校，1969（昭和44）年に中学校の学習指導要領が改訂された。

昭和43年改訂学習指導要領の特徴

この学習指導要領の主な特徴は次のとおりである。
① 科学技術の急速な発展に対応するために，算数，数学，理科を中心として，教育内容の現代化の考えを取り入れた編成が行われたこと。教育内容の現代化を図ったことにより，教科の構造化，教材の精選，基本的事項の重点化などが強調された。
② 教育課程を各教科，道徳，特別活動の3領域で編成したこと。それまでの特別教育活動と学校行事等は，新たに特別活動として統合された。
③ 各教科及び道徳の授業時数を従来の最低時数の示し方から標準時数に改めたこと。

1968（昭和43）年改訂の学習指導要領も，系統主義教育を重視する点では，1958（昭和33）年の改訂と方向を一にしているが，ブルーナーの教育理論の影響が強い点でカリキュラム論的背景が異なるといえる。この学習指導要領は，小学校が1971（昭和46）年度から，中学校が1972（昭和47）年度から実施された。

昭和52年改訂の学習指導要領／第三の教育改革

　1971（昭和46）年に中央教育審議会答申「今後における学校教育の総合的な拡充整備のための基本的施策について」が出された。この答申は，学校制度の多様化，中高一貫教育，教育機器の導入とシステム化などを提言し，明治の学制（第一の教育改革）及び戦後教育改革（第二の教育改革）に次ぐ第三の教育改革といわれた。

　1974（昭和49）年度には高校進学率が90％に達し，学校教育が急速に発展するとともに，児童生徒の知・徳・体の調和のとれた発達を促すことが課題になっていた。1976（昭和51）年に教育課程審議会答申が出され，教育課程の基準の改善のねらいとして次の3点が示された。
① 人間性豊かな児童生徒を育てること。
② ゆとりのあるしかも充実した学校生活が送れるようにすること。
③ 国民として必要とされる基礎的・基本的な内容を重視するとともに児童生徒の個性や能力に応じた教育が行われるようにすること。

　この答申を受けて，文部省は4回目の学習指導要領の改訂を行った。1977（昭和52）年7月に小学校及び中学校学習指導要領，1978（昭和53）年8月に高等学校の学習指導要領を改訂した。1977（昭和52）年改訂の学習指導要領は，それまで系統主義の教育を強めていった結果，ともすれば知識中心主義の教育や子ども不在の教育に偏りがちであった状況を改め，顕在化した校内暴力等の教育問題への対応を考慮したものであった。

昭和52年改訂学習指導要領の特徴

　この学習指導要領の主な特徴は次のとおりである。
① 道徳教育や体育を重視し，知・徳・体の調和のとれた人間性豊かな発達を図ることとした。
② 教育内容を学校教育で身に付けるべき基礎的・基本的な事項に精選し，同時に創造的な能力の育成を図ることとした。
③ ゆとりのあるしかも充実した学校生活を実現するため，授業時数を1割程度削減し，学校が創意を生かした教育活動を行う時間として「ゆと

りの時間」を設けた。

　また，この学習指導要領では，学校や教師の創意工夫の余地を拡大するために，各教科等の目標や指導内容については中核的な事項のみを示し，指導上の留意事項や指導方法に関する事項を削減するなど，内容の大綱化が図られた。

　この学習指導要領は，小学校が1980（昭和55）年度から，中学校が1981（昭和56）年度から実施された。

平成元年改訂の学習指導要領／生涯学習体系への移行

　1983（昭和58）年には，第13期中央教育審議会教育内容等小委員会の報告の中で，自己教育力の育成について述べられた。その報告によれば，自己教育力とは，「主体的に学ぶ意志，態度，能力など」であり，学習への意欲や学習の仕方の習得であり，これからの変化の激しい社会における生き方の問題にかかわって，自己を生涯にわたって教育し続ける意志を形成することである。

　自己教育力の育成は，当時我が国における全国的な動向となりつつあった生涯学習社会の形成と深い関わりを持って，学習指導要領改訂の1つのスローガンになった。

　1984（昭和59）年には，臨時教育審議会が発足し，1985（昭和60）年から1987（昭和62）年にかけて教育改革に関する4回の答申を行った。第1次答申（1985.6.26）では，個性重視の原則を基本とし，共通テスト，6年制中等学校，単位制高校の設立などを提言した。

　第2次答申（1986.4.23）では，生涯学習体系への移行を基軸に，初任者研修制度，帰国子女・海外子女教育への対応，情報化への対応などを提言した。

　第3次答申（1987.4.1）では，教科書検定制度の改善，高校入学者選抜方法の改善，開かれた学校の在り方，新国際高校の設置，入学時期の検討などを提言した。

　第4次答申（1987.8.7）では，個性重視の原則，国際化・情報化への対応，生涯学習体制の整備，中等教育の改革などについて提言した。これらの臨

時教育審議会の答申は，中等教育を中心とした新しい教育改革の方向を示すとともに，我が国の教育の制度改善に大きな影響を及ぼすものとなった。

　1987（昭和62）年に教育課程審議会の答申が出され，それを受けて1989（平成元）年に，小学校，中学校，高等学校の学習指導要領が改訂され，幼稚園教育要領も同時に改訂された。改訂の基本方針は，①心豊かな人間の育成，②基礎・基本の重視と個性教育の推進，③自己教育力の育成，④文化と伝統の尊重と国際理解の推進の4つである。

平成元年改訂学習指導要領の特徴

　また，この学習指導要領の主な特徴は次のとおりである。
① 　小学校の第1学年と第2学年に生活科が新設されたこと。生活科は，具体的な活動や体験を通して，自分と身近な社会や自然とのかかわりに関心を持ち，生活上必要な習慣や技能を身に付けさせ，自立への基礎を養うことをねらいとして構想されたものである。生活科の年間授業時数は，第1学年が102時間，第2学年が105時間（週当たり3単位時間）とされた。
② 　中学校における選択履修幅の拡大と習熟の程度に応じた指導の実施。選択履修については，第1・2学年は1教科以上，第3学年は2教科以上選択できることになった（実際には，選択教科として外国語が含まれるので，第2学年で1教科，第3学年で2教科の選択方式が多く行われた）。
③ 　国際社会に生きる日本人として必要な自覚と資質を養うことを重視したこと。具体的には，小・中学校における歴史学習の改善，高校世界史の必修，中学校・高等学校における古典学習の充実，外国語におけるコミュニケーション能力の重視などがなされた。
④ 　小・中学校の特別活動の領域では，学級会活動と学級指導を学級活動に統合して，望ましい集団生活や人間関係を築く指導を行うこととした。
⑤ 　高等学校の社会科を地歴科と公民科に再編した。また，家庭科を男女必修とした。

　この学習指導要領は，小学校が1992（平成4）年度から，中学校が

1993（平成5）年度から全面実施され，高等学校が1994（平成6）年度入学生から学年進行で実施された。

平成10年改訂の学習指導要領／ゆとりの中で生きる力の育成

　1998（平成10）年の学習指導要領は，第15期中央教育審議会第1次答申（1996.7.19）で改訂の基本的方向が提案され，教育課程審議会答申（1998.7.29）によって具体的な改訂方向が定まったものである。第1次答申では，今後の教育が目指す基本的方向として，社会全体のゆとりの中で子どもたちに全人的な力である「生きる力」を育んでいくことが必要であると述べ，学校週5日制に対応した学習指導要領への改訂が目指された。

　第1次答申が述べる「生きる力」とは，次のような意味である。「いかに社会が変化しようと，自分で課題を見つけ，自ら学び，自ら考え，主体的に判断し，行動し，よりよく問題を解決する資質や能力」「自らを律しつつ，他人とともに協調し，他人を思いやる心や感動する心など，豊かな人間性」「たくましく生きるための健康や体力」である。答申では，こうした資質や能力をバランスよく育んでいくことが重要であるとしている。

　こうして，学校週5日制に対応した学習指導要領が編成された。小・中学校の学習指導要領及び幼稚園教育要領は1998（平成10）年12月14日に，高等学校及び盲学校・聾学校・養護学校の学習指導要領は1999（平成11）年3月29日に改訂告示された。この学習指導要領は，2000（平成12）年度と2001（平成13）年度の移行措置の後，小・中学校は2002（平成14）年度から学校週5日制とともに全学年で完全実施された。高等学校は2003（平成15）年度から学年進行で実施された。また，高等学校では，新教科として情報科が導入された。

　平成10年の学習指導要領改訂の基本方針は，①豊かな人間性や社会性，国際社会に生きる日本人としての自覚を育成すること，②自ら学び，自ら考える力を育成すること，③ゆとりのある教育活動を展開する中で，基礎・基本の確実な定着を図り，個性を生かす教育を充実すること，④各学校が創意工夫を生かし特色ある教育，特色ある学校づくりを進めることの4項目である。

平成10年改訂学習指導要領の特徴

　この学習指導要領の最大の特徴は，学校週5日制に対応し，教育内容の3割削減という大幅な厳選が図られたことである。教育内容の厳選は，児童生徒の発達段階に照らして応用的な内容を削除または軽減したり，上学年あるいは上級学校の内容に移行統合するという方法で行われた。

　この学習指導要領の主な特徴は，次のとおりである。

① 特色ある教育活動の展開や開かれた学校づくりを推進することによって，家庭や地域との連携を深め，教育活動の創意工夫を図ることを目指したこと。

② 各学校が創意工夫を生かした時間割編成ができるよう，授業の1単位時間や授業時数の運用を弾力化したこと。また，小学校では，教科の目標や内容を複数学年まとめるなど基準の大綱化を図ったこと。

③ 小学校第3学年以上に総合的な学習の時間を導入したこと。これにより，学習指導要領に経験カリキュラム的な要素の強い領域が創設され，それまで比較的教科カリキュラム主体で構成されていた各学校の教育課程に対して，根本的な影響を及ぼすことになった。

④ 中学校の必修教科に外国語を加え，英語を原則履修としたこと。中学校技術・家庭科で情報に関する内容を必修化したこと。また，特別活動では，中学校の必修クラブ活動は，放課後の部活動などとの関連から廃止したこと。

⑤ 中学校における選択学習の幅を一層拡大したこと。選択制の拡大は，前回1989（平成元）年の改訂と方向を一にするものである。今回の特徴は，第1学年から選択教科を年間30単位時間の範囲内で開設することが可能になったことである。

　以上の特徴をもつ学習指導要領が移行措置を経て実施された。しかし，その後，『分数ができない大学生』（岡部・戸瀬・西村編，東洋経済新報社，1999年）などを発端とする学力低下批判が高まり，文部科学省のゆとり路線は，修正を余儀なくされた。その結果，学習指導要領の一部改正（2003.12.26）がなされ，発展的学習の導入や教科と総合的な学習の時間との関連的指導を意図した内容が加わったものに修正された。こうして，

ゆとり教育は終焉を迎えることになった。

平成15年の学習指導要領一部改正／ゆとり路線の修正

　学力低下が叫ばれる中，文部科学省は，確かな学力向上のための緊急アピールとして，「学びのすすめ」（2002.1.17）を発表した。その内容は，①きめ細かな指導で基礎・基本や自ら学び自ら考える力を身に付ける，②発展的な学習で一人ひとりの個性等に応じて子どもの力をより伸ばす，③学ぶことの楽しさを体験させ学習意欲を高める，④学びの機会を充実し，学ぶ習慣を身に付ける，⑤「確かな学力」の向上のための特色ある学校づくりを推進する，である。

　ここで，①は，少人数授業や習熟度別指導などの個に応じた指導を取り入れ，基礎・基本の確実な定着や自ら学び自ら考える力の育成を図ることである。②は，学習指導要領は最低基準であるとの見解のもと，理解の進んでいる児童生徒には発展的な学習で力をより伸ばすという趣旨である。また，④は，放課後の時間などを活用した補充的な学習や朝の読書などを推奨・支援するとともに，適切な宿題や課題など家庭における学習の充実を図ることである。⑤の「確かな学力」とは，知識・技能のほか，学ぶ意欲や，自分で課題を見つけ，自ら学び，主体的に判断し，行動し，よりよく問題を解決する資質や能力等を含めた学力のことである。

　「確かな学力」の向上への動きは，OECDが実施したPISA2000とPISA2003の調査結果も影響した。特に，読解力の低下（読解リテラシーがPISA2000は8位→PISA2003は14位）と無答率の高さ（PISA2003の問題解決能力の設問でOECD平均が10.0％に対して日本は27.0％）が目立ち，言語能力の育成や問題解決的な課題への対応力の育成の重要性が指摘された。

　こうした状況の中で，中央教育審議会が「初等中等教育における当面の教育課程及び指導の充実・改善方策について」（2003.10.7答申）を発表した。その趣旨は，1998（平成10）年改訂の学習指導要領の基本的なねらいである「生きる力」の育成を目指すためには，それを知の側面からとらえた「確かな学力」の育成に関する取り組みの充実が必要であるという

ものである。同答申が行った提言の主な内容は，次のとおりである。①学習指導要領の基準性の一層の明確化，②必要な学習指導時間の確保，③「総合的な学習の時間」の一層の充実，④「個に応じた指導」の一層の充実，⑤全国的かつ総合的な学力調査の今後の在り方やその結果の活用。

平成15年一部改正学習指導要領の特徴

こうして，2003（平成15）年12月26日付で小学校，中学校，高等学校をはじめ盲学校，聾学校，養護学校の学習指導要領の一部が改正された。改正学習指導要領の特徴は，次のとおりである。
① 各学校で学習指導要領に示している内容等の確実な定着を図るための指導を行った上で，児童生徒の実態と必要に応じて，学習指導要領に示されていない内容を指導することができる。
② 総合的な学習の時間の活動を関連する教科の内容と関連付け，各学校において目標や内容を示す全体計画を作成する。
③ 習熟度別指導や補充・発展学習を取り入れた指導など，「個に応じた指導」を柔軟かつ多様に導入する。
④ 各学校で指導に必要な時間を確保する。

上記①が，学習指導要領の基準性が，学ぶ内容の最低基準の意味であることを明確化したものであった。各学校で創意工夫を生かした授業への取り組みを一層進め，児童生徒に「確かな学力」を育成することが目指されることになった。これにより，1977（昭和52）年の改訂以来，学習指導要領の基底的方向として据えられていたゆとり教育は路線を変更したのである。

平成20年改訂の学習指導要領／「知識基盤社会」の中で「生きる力」

1947（昭和22）年の教育基本法制定後，科学技術の進歩，情報化，国際化，少子高齢化など，我が国の教育をめぐる状況が大きく変化したことから，中央教育審議会答申「新しい時代にふさわしい教育基本法と教育振興基本計画の在り方について」（2003.3.20）を受け，約60年ぶりに教育基本法が改正され，2006（平成18）年12月22日に公布された。改正教育

基本法は，これまでの教育基本法の普遍的な理念を継承しながら，今日求められる教育の目的や理念，教育の実施に関する基本を定めるとともに，国及び地方公共団体の責務を明らかにし，教育振興基本計画を定めることなどについて規定した。

また，教育再生会議第一次報告「社会総がかりで教育再生を〜公教育再生への第一歩〜」(2007.1.24)では，教育基本法の改正を踏まえ，教育再生のための緊急対応として，学校教育法改正をはじめとする教育三法(学校教育法，地方教育行政の組織及び運営に関する法律，教育職員免許法及び教育公務員特例法)の改正を提言した。これにより，中央教育審議会答申「教育基本法の改正を受けて緊急に必要とされる教育制度の改正について」(2007.3.10)を受け，2007（平成19）年6月27日に改正教育三法が公布された。

改正教育基本法では，その前文において，新たに「公共の精神」の尊重，「豊かな人間性と創造性を備えた人間の育成」，「伝統を継承し，新しい文化の創造を目指す教育」の推進等を規定している。これにより，教育の目的と目標が一層明確化され，学校教育法の改正に反映されるとともに，2008（平成20）年1月17日に発表された中央教育審議会答申「幼稚園，小学校，中学校，高等学校及び特別支援学校の学習指導要領等の改善について」に基づいて，2008（平成20）年の学習指導要領改訂（高等学校は2009（平成21）年改訂）につながったものである。このとき改正された学校教育法は，第30条第2項で学力の3要素を規定し，学校教育で育成を目指す学力の内容を示すとともに，2017（平成29）年の改訂からは学習の評価の観点としての影響をもつこととなる。

2008（平成20）年の学習指導要領改訂の趣旨及び内容として重要なものは，次の点である。①改正教育基本法等を踏まえた改訂であること，②「生きる力」という理念が共有されていること，③基礎的・基本的な知識・技能の習得を基本としていること，④思考力・判断力・表現力等の育成を重視していること，⑤確かな学力を確立するために必要な時間の確保を行っていること，⑥学習意欲の向上や学習習慣の確立を目指していること，⑦豊かな心や健やかな体の育成のための指導の充実を図っていること，である。

これらの事柄は，学習指導要領の改訂内容に広く反映されるとともに，

我が国の伝統や文化に関する教育や道徳教育，体験活動，環境教育等の充実等の中に反映されている。2008（平成20）年の学習指導要領では，「知識基盤社会」（knowledge-based society）の時代においてますます重要となる「生きる力」という理念を継承し，「生きる力」を支える「確かな学力」，「豊かな心」，「健やかな体」の調和を重視している。また，基礎的・基本的な知識・技能の習得を重視した上で，観察・実験やレポートの作成，論述など知識・技能の活用を図る学習活動を充実し，思考力・判断力・表現力等の育成を重視している。

平成20年改訂学習指導要領の特徴

　この学習指導要領の主な特徴は，次のとおりである。
① 言語活動の充実を図ったこと。言語は，知的活動やコミュニケーション，感性・情緒の基盤であり，国語科における読み書きなどの基本的な力の定着を図るとともに，各教科等における記録，説明，論述，討論といった学習活動を充実したこと。
② 理数教育の充実を図ったこと。科学技術の土台である理数教育の充実を図るため，国際的な通用性，内容の系統性，小・中学校での学習の円滑な接続を踏まえて，指導内容を充実させたこと。
③ 伝統や文化に関する教育の充実を図ったこと。国際社会で活躍する日本人の育成を図るため，各教科等において，我が国や郷土の伝統や文化を受け止め，それを継承・発展させるための教育を充実したこと。
④ 道徳教育の充実を図ったこと。道徳教育は，道徳の時間を要として学校の教育活動全体を通じて行うものであることを明確化したこと。道徳教育推進教師（道徳教育の推進を主に担当する教師）を中心に，全教師が協力して道徳教育を展開することを明確化したこと。
⑤ 体験活動の充実を図ったこと。児童生徒の社会性や豊かな人間性を育むため，その発達の段階に応じ，集団宿泊活動や自然体験活動(小学校)，職場体験活動（中学校）を重点的に推進するようにしたこと。
⑥ 外国語教育の充実を図ったこと。積極的にコミュニケーションを図る態度を育成し，言語・文化に対する理解を深めるために，小学校高学

年（第5・6学年）に外国語活動を導入したこと。

この学習指導要領は，小学校は2011（平成23）年度から，中学校は2012（平成24）年度から全面実施，高等学校は2013（平成25）年度から学年進行で実施された。ただし，一部の内容については，小・中学校は2009（平成21）年度から，高等学校は2010（平成22）年度から先行実施された。

特筆すべきは，次の改訂に先立って，2015（平成27）年に小・中学校の学習指導要領を一部改正し，道徳の特別教科化が行われたことである。答えが1つではない課題に子どもたちが道徳的に向き合い，考え，議論する道徳教育への転換が目指された。道徳科は領域から教科になり，小学校は2018（平成30）年度から，中学校は2019（平成31）年度から実施された。

平成29年改訂の学習指導要領／「社会に開かれた教育課程」の理念

我が国は，少子高齢化，情報化，グローバル化，AI（Artificial Intelligence：人工知能）の発達，ビッグデータの活用とインターネットの日常生活への浸透などの社会的変化が加速度的となり，将来を予測することが一層困難となる社会的状況を迎えた。狩猟社会，農耕社会，工業社会，情報社会に継ぐ人類史上5番目の新しい社会であるSociety 5.0の到来が予想されるようになった。Society 5.0は，サイバー空間とフィジカル空間（現実空間）を高度に融合させたシステムにより，人間中心の立場で，経済・産業の発展と社会的課題の解決とを両立していくことを可能とする社会である。

そのため，学校教育には，解き方が定まった問題を効率的に解いたり，定められた手続きをこなしたりするだけでなく，社会の様々な変化を主体的かつ柔軟に受け止め，答えのない課題に対しても取り組んだり，多様な他者と協働して新たな価値を生み出していったり力を育成することが一層求められるようになった。予測不能性が高まる将来の社会を生きるために必要な力を児童生徒が身に付けていくことが，学校教育の目標として重視されるようになったのである。

こうした潮流の中で，中央教育審議会答申「幼稚園，小学校，中学校，高等学校及び特別支援学校の学習指導要領等の改善及び必要な方策等につ

いて」(2016.12.21)では,「生きる力」を捉え直し,学校教育で育成を目指す資質・能力の3つの柱として次のように整理した。①何を理解しているか,何ができるか（生きて働く「知識・技能」の習得）, ②理解していること・できることをどう使うか（未知の状況にも対応できる「思考力・判断力・表現力等」の育成）, ③どのように社会・世界と関わり, よりよい人生を送るか（学びを人生や社会に生かそうとする「学びに向かう力・人間性等」の涵養）。

　これら資質・能力の3つの柱は,「生きる力」の育成を目指すための指針として, 2017（平成29）年改訂（高等学校は2018（平成30）年改訂）の学習指導要領に反映され, 各学校の教育課程全体を通してバランスよく育成していくことが目指されることになった。その基本理念として, 地域連携を基盤としつつ教育課程を介して学校教育の目標を社会と共有し, 児童生徒が将来の社会を生きるために必要な資質・能力とは何かを教育課程において明確化していく「社会に開かれた教育課程」の実現が目指されることになった。さらに, 教育基本法, 学校教育法, 学習指導要領の一層の体系化が図られ, 学力の3要素をはじめ, 教育の目的, 目標, 内容などに反映された。

平成29年改訂学習指導要領の特徴

　この学習指導要領の主な特徴は, 次のとおりである。
① 言語能力の確実な育成（国語科を中心として語彙の確実な習得, 各教科で根拠を明確にした議論の工夫）
② 理数教育の充実（教育課程全体の授業時数増加, 理科における見通しを持った観察・実験及び自然災害に関する内容の充実, 算数・数学科におけるデータ分析・統計教育の充実）
③ 伝統や文化に関する教育の充実（国語科における古典など我が国の言語文化の重視, 社会科における郷土の文化財・年中行事の理解, 我が国や郷土の音楽・和楽器の重視, 家庭科における和食・和服の充実）
④ 道徳教育の充実（道徳的価値を自分事として理解し, 多面的・多角的に深く考えたり議論したりする道徳の充実）
⑤ 体験活動の充実（生命の有限性・自然の大切さの理解, 挑戦や他者と

の協働，自然の中での集団宿泊体験活動・職場体験の重視）
⑥　外国語教育の充実（小学校中学年の「外国語活動」の導入，小学校高学年の「外国語科」の新設，小・中・高一貫した学びを重視し外国語能力の向上，国語教育との連携）

　また，高等学校では，教科「公民」の中に必修科目として「公共」を新設し，主権者としての知識や思考力，判断力を育むこととした。教科「地理歴史」に関しても，近現代史を中心に世界と日本の歴史の関わりを学ぶ「歴史総合」と，環境問題など地球規模の課題を考える「地理総合」を新設し，必修科目とした。選択科目では，「日本史探究」「世界史探究」「地理探究」を置いたほか，国語科にも「古典探究」を置き，「総合的な学習の時間」を「総合的な探究の時間」とした。これらは，課題を探究する能力を育むことを明確化するための科目・領域の名称である。

　この学習指導要領は，小学校は2020（令和2）年度から，中学校は2021（令和3）年度から全面実施，高等学校は2022（令和4）年度から学年進行で実施されることになった。

　なお，道徳については，いじめ問題等への対応が道徳的側面から必要なことが指摘される一方で，歴史的経緯の影響から道徳教育を忌避しがちな風潮が一部にあること，他教科に比べて軽んじられる傾向があること，登場人物の心情理解に偏った指導が行われがちなことなどの課題も指摘されてきた。こうした課題を踏まえ，中央教育審議会が，2014（平成26）年10月に，「道徳に係る教育課程の改善等について」答申した。

　同答申では，①道徳の時間を「特別の教科　道徳」（仮称）として位置付けること，②道徳の目標を，明確で理解しやすいものに改善する，③道徳の内容をより発達の段階を踏まえた体系的なものに改善すること，④多様で効果的な道徳教育の指導方法へと改善すること，⑤「特別の教科　道徳」（仮称）に検定教科書を導入すること，⑥一人ひとりのよさを伸ばし成長を促すための評価を充実することなどの基本的な考え方が示された。

　同答申を踏まえ，2015（平成27）年3月27日に学校教育法施行規則を改正し，これまで領域であった「道徳」を「特別の教科である道徳」（道徳科）とするとともに，小学校学習指導要領，中学校学習指導要領及び特別支援学校小学部・中学部学習指導要領の一部改正の告示が公示された。

課題図書

- 齋藤孝『読書力』岩波新書，2002年
- 齋藤孝『読書のチカラ』大和書房（だいわ文庫），2015年
- 日本児童教育振興財団編『学校教育の戦後70年史』小学館，2016年
- 石川一郎『2020年からの教師問題』ベスト新書，2017年
- 尾木直樹・茂木健一郎『教育とは何？―日本のエリートはニセモノか―』中公新書ラクレ，2017年
- 中澤渉『日本の公教育―学力・コスト・民主主義―』中公新書，2018年
- 内田良『学校ハラスメント 暴力・セクハラ・部活動―なぜ教育は「行き過ぎる」か―』朝日新書，2019年
- 苫野一徳『「学校」をつくり直す』河出新書，2019年

註

(1) 各学校の校長は，自校の教育課程(教育課程編成の方針，指導の重点等，各教科，道徳，特別活動，総合的な学習の時間の授業時数等)を教育委員会へ届け出るものとされている。幼稚園における学習指導要領に相当するものとして，幼稚園教育要領が告示される。なお，本章では，我が国の時代背景を把握するために必要な場合は元号を用いる。

(2) 梅根悟は，尺振八が明治8年(1875年)にスペンサーの『教育論』("Education, intellectual, moral and physical")を邦訳したとき，この本の中にしばしば使われているカリキュラムという言葉を「教育課程」と訳したのが我が国における最初の用例であろうとしている(梅根悟『中等教育原理』誠文堂新光社，1964年，143頁)。

(3) 学校教育法第34条 小学校においては，文部科学大臣の検定を経た教科用図書又は文部科学省が著作の名義を有する教科用図書を使用しなければならない。(中高の準用規定同法49条，62条)
　④ 教科用図書及び第2項に規定する教材以外の教材で，有益適切なものは，これを使用することができる。(②，③，⑤は略)

(4) カリキュラム観の相違及びその統合の方向については，OECDの内部機関CERI(教育研究革新センター)が日本において開催した「カリキュラム開発に関する国際セミナー」の報告書に詳しい(文部省『カリキュラム開発の課題』1974年，7〜19頁参照)。

(5) Jackson, P. W., *Life in Classrooms*, Holt, Rinehart and Winston, 1968.

(6) B. バーンスティン(荻原元昭編訳)『教育伝達の社会学』明治図書，1985年。

(7) マイケル.W.アップル(門倉・宮崎・植村訳)『学校幻想とカリキュラム』日本エディタースクール出版部，1986年。

(8) 教育課程の編成権の所在については諸説があるが，本書では学校教育の実態に即し，教育課程の経営の考えに立脚しているため，教育課程の編成は学校が行うという立場をとる(奥田真丈『教育課程の経営』教育学大全集第27巻，第一法規，1982年，89〜95頁参照)。

(9) 例えば，地方教育行政の組織及び運営に関する法律第33条の規定に基づいて制定されたある県の県立学校管理規則では，第2条に教育課程の編成と届出，第3条では授業日の変更，第4条で特別教育活動，第6条で教材等の選定，第8条では教材の届出につ

いてそれぞれ規定がなされている。地方教育行政の組織及び運営に関する法律第33条では,「教育委員会は,法令又は条例に違反しない限度において,その所管に属する学校その他の教育機関の施設,設備,組織編制,教育課程,教材の取扱その他学校その他の教育機関の管理運営の基本的事項について,必要な教育委員会規則を定めるものとする」と定められている。

(10) 文部科学省組織令第75条で,中央教育審議会の設置について規定され,第76条で「一 文部科学大臣の諮問に応じて教育の振興及び生涯学習の推進を中核とした豊かな人間性を備えた創造的な人材の育成に関する重要事項(第三号に規定するものを除く。)を調査審議すること」と規定されている。

(11) 中央教育審議会令第5条に,「教育制度分科会」「生涯学習分科会」「初等中等教育分科会」「大学分科会」の4つの分科会及びその所掌事務について規定されている。

(12) 旭川学力テスト事件「学習指導要領についていえば,文部大臣は,学校教育法38条,106条による中学校の教科に関する事項を定める権限に基づき,(中略)必要かつ合理的な基準を設定することができる(中略)。それ故,上記指導要領は,(中略)少なくとも法的見地からは,上記目的のために必要かつ合理的な基準の設定として是認することができるものと解するのが,相当である」(最高裁大法廷,昭和51年5月21日)。

(13) 学校教育法第1条では,「この法律で,学校とは,幼稚園,小学校,中学校,義務教育学校,高等学校,中等教育学校,特別支援学校,大学及び高等専門学校とする」と定めている。通常,ここに掲げられた学校を一条校という。

(14) 教育課程という用語が公式に使われたのは,それより早く,1950(昭和25)年5月28日付の文部省体育局通達だといわれる(大石勝男「特別活動の系譜と今後の課題」『学校教育研究所年報』第34巻,1990年,39頁)。

(15) この背景には,戦前の教科課程が教科のみから成り立っていたことがある(安彦忠彦「教科課程」細谷・奥田・河野『新教育学大事典』第2巻,第一法規,1990年,404〜405頁)。

(16) 文部省『高等学校学習指導要領(一般編)』1951(昭和26)年発行,76〜77頁(国立教育研究所内戦後教育改革資料研究会編『文部省学習指導要領1. 一般編』日本教育図書センター,1980年による)。

(17) 1950年には,第2次アメリカ教育使節団が来日し,第1次使節団の成果を検討し,補足的な改革を示した勧告を行った。

(18) 1947(昭和22)年の学習指導要領一般編(試案)では,教科課程は,「どの学年でどういう教科を課するかをきめ,また,その課する教科と教科内容との学年的な配当を系統づけたもの」と定義され,教科課程の構成の原理として,社会の要求と児童生徒の生活を考慮することが示された。

(19) 体育科については,1947(昭和22)年に学校体育指導要綱が刊行されている。この要綱は,体育科の正式な学習指導要領ではないが,我が国における戦後の学校体育に関する基本方向を示したものとして重要である。

(20) 矢川徳光は,1950(昭和25)年に出版した『新教育への批判』の中で,当時のソビエトにおけるデューイやキルパトリック教育学に対する批判を紹介し,「はいまわる経験主義」と指摘した。さらに,広岡亮蔵が,1952(昭和27)年に雑誌のシンポジウム「経験主義教育の功罪」でこの用語を用い,一般化していったといわれる。

(21) 文部省『小学校指導書教育課程一般編』ぎょうせい,1989年,82〜83頁。

(22) 文部省,同上書,85頁。

(23) 学問中心的教育課程(discipline-centered curriculum)は,児童生徒の主体的な興味関心が軽視されがちになることや落ちこぼれの問題が顕在化してくるにつれて,1970(昭和45)年代には批判が強まり,人間主義的教育課程(humanistic curriculum)が主張されるようになる。

第3章

「総合的な学習の時間」創設の経緯と実践事例

　第1章及び第2章で述べたように，教育課程の在り方をめぐっては，経験カリキュラムと教科カリキュラムという本質的な問題が常に関わっている。ここでは，1998（平成10）年に改訂された学習指導要領によって創設された「総合的な学習の時間」に焦点をあてる。「総合的な学習の時間」は，教科書が作成されないだけに，経験カリキュラムと教科カリキュラムに関わる本質的な問題を内包しているからである。

　第1節では，「総合的な学習の時間」の創設の経緯について，1998（平成10）年改訂の学習指導要領の背景，「総合的な学習の時間」の内容などについて説明する。

　第2節では，「総合的な学習の時間」の原形ともいえる総合的な学習（総合学習という場合もある）が，我が国においてどのように実践されてきたか，その歴史について説明する。

　第3節では，小学校・中学校・高等学校で展開された「総合的な学習の時間」の実践例を取り上げ，2017（平成29）年改訂の学習指導要領から重視されているアクティブ・ラーニング（主体的・対話的で深い学び）の要素についても参考点を明らかにする。

第1節

「総合的な学習の時間」の創設とその経緯

　1998（平成10）年に改訂された学習指導要領によって，「総合的な学習の時間」が創設された。以下では，「総合的な学習の時間」の創設に関わる経緯を整理し，以前から行われていた総合学習との関係を歴史的視点から概観する。

「総合的な学習の時間」の創設

　ここでは，1998（平成10）年の学習指導要領改訂により，小学校第3学年以上から高等学校まで導入された「総合的な学習の時間」に関して，その経緯，ねらいと内容，今後の展開などについて述べる。

　「総合的な学習の時間」の創設は，1996（平成8）年7月に発表された第15期中央教育審議会第1次答申ではじめて提言されたものである。第1次答申では，その理由が2つ示されている。1つめは，子どもたちに生きる力を育んでいくために，生きる力が全人的な力であることを踏まえると，横断的・総合的な指導を一層推進しうるような新たな手だてを講じることが必要であるということ。2つめは，今日，国際理解教育，情報教育，環境教育などを行う社会的要請が強まっていることである。

　第1次答申では，「総合的な学習の時間」は，横断的・総合的な学習を実施するために一定のまとまった時間として設置するものであり，その内容として，「国際理解，情報，環境のほか，ボランティア，自然体験などについての総合的な学習や課題学習，体験的な学習等」の学習活動が示されている。

　続いて，1997（平成9）年6月に発表された第16期中央教育審議会第

2次答申では,「総合的な学習の時間」の活用として,「高齢社会についての基礎的な理解を深め,介護や福祉の問題などの高齢社会の課題について考えを深めていく」ことが教科間の関連付けを図ることとともに述べられている。

そして,1997（平成9）年11月に教育課程審議会の中間まとめが出され,1998（平成10）年7月に教育課程審議会答申が出された。教育課程審議会答申では,「総合的な学習の時間」創設の趣旨として,各学校が地域や学校の実態に応じて創意工夫を生かして特色ある教育活動を展開できるような時間を確保すること,自ら学び自ら考える力などの生きる力は全人的な力であること,国際化や情報化をはじめ社会の変化に主体的に対応できる資質や能力を育成するために教科等の枠を超えた横断的・総合的な学習をより円滑に実施するための時間を確保することが述べられている。

以上の経緯[1]のもとに,1998（平成10）年12月の小・中学校学習指導要領の改訂及び1999（平成11）年3月の高等学校学習指導要領の改訂により,小学校第3学年以上のすべての学年に「総合的な学習の時間」が位置付けられることになった。「総合的な学習の時間」は,小学校及び中学校で2002（平成14）年から全面実施,高等学校で2003（平成15）年から学年進行で実施された。実施当初については,次に「総合的な学習の時間」のねらいとして述べるように,児童生徒の興味・関心に基づく学習という側面があったが,2008（平成20）年の改訂では,思考力・判断力・表現力を養う時間としての方向が強まった。さらに,高等学校については,2018（平成30）年の学習指導要領改訂により,探求的活動を一層重視する方向が強まり,名称が「総合的な探求の時間」に変更された。

「総合的な学習の時間」のねらいと内容

教育課程審議会答申（1998.7.29）に示された「総合的な学習の時間」のねらいは,次の5つにまとめられる。
① 各学校の創意工夫を生かした横断的・総合的な学習を実施すること。
② 児童生徒の興味・関心等に基づく学習などを通じて,自ら課題を見つけ,自ら学び,自ら考え,主体的に判断し,よりよく問題を解決する

資質や能力を育てること。
③ 情報の集め方，調べ方，まとめ方，報告や発表・討論の仕方などの学び方やものの考え方を身に付けること。
④ 問題の解決や探究活動に主体的，創造的に取り組む態度を育成すること。
⑤ 自己の生き方についての自覚を深めること。

「総合的な学習の時間」では，これらを通じて，各教科等で身に付けた知識や技能などが相互に関連づけられ，深められ，児童生徒の中で総合的に働くようになることが期待されている。

また，「総合的な学習の時間」の学習活動は，これらのねらいを踏まえ，地域や学校の実態に応じ，各学校が創意工夫を発揮して展開するものとされている。教育課程審議会答申は，具体的な学習活動の例として，次の3つを示している。

それは，①国際理解，情報，環境，福祉・健康などの横断的・総合的な課題，②児童生徒の興味・関心に基づく課題，③地域や学校の特色に応じた課題である。その際，自然体験やボランティアなどの社会体験，観察・実験，見学や調査，発表や討論，ものづくりや生産活動など体験的な学習，問題解決的な学習が積極的に展開されることが望まれるとしている。これらの具体的な内容例を踏まえて，各学校は創意工夫を取り入れて「総合的な学習の時間」を構想していくことになる。

このようにして創設された「総合的な学習の時間」の趣旨，ねらい，内容は，2008（平成20）年の改訂，2017（平成29）年の改訂を経ても大きくは変わっていない。2017（平成29）年改訂の中学校学習指導要領では，「総合的な学習の時間」の目標を次のように示している。

「探究的な見方・考え方を働かせ，横断的・総合的な学習を行うことを通して，よりよく課題を解決し，自己の生き方を考えていくための資質・能力」を育成することを目指す。このことから分かるように，探究的活動を重視する方向性が強まったといえる。

第2節

総合的な学習の歴史

　前節のように，横断的・総合的な学習という用語や「総合的な学習の時間」という用語は，1996（平成8）年7月に発表された第15期中央教育審議会第1次答申ではじめて出されたものである。しかし，総合的な学習の考えは，主に経験カリキュラムの立場を中心に従来から主張されてきたものである。

総合的な学習の源流

　我が国における総合的な学習の源流の1つは，大正期に長野県師範学校附属小学校の研究学級で淀川茂重によって行われた実践であり，もう1つの源流は奈良女子高等師範学校附属小学校で行われた木下竹次（1872〜1946）の合科学習であるとされる[2]。

　淀川茂重は，「児童の教育は，児童にたちかへり児童によって児童のうちに建設されなくてはならない。そとからではない，うちからである。児童のうちから構成さるべきものである」[3]と主張し，1918（大正7）年4月から1924（大正13）年3月まで研究学級で地域の文化や自然を教材とした学習活動を実践した[4]。

　一方，木下竹次の合科学習は，生活すなわち教育という考えに立ち，「未分化の時期にある低学年に行われた総合学習」として，1920（大正9）年から20年余り実施されたものである[5]。これは，低学年では児童の日常生活の中の教材を見つけて大合科学習とし，中学年では児童の学習生活を研究・談話・遊技・作業の4つに分類し，それぞれの分類の中に生活単元を定めて中合科学習とし，高学年では教科に分かれた合科学習を小合科

学習として実践したものであった。

また、筑波大学附属小学校においても、総合活動の萌芽は、明治期、森岡常蔵が入学当初から小間切れ的な教科教育を廃し、各教科に含まれる教授内容を一定の中心的題材に統合し、総合的な学習をさせ、高学年にいくに従って次第に教科領域を分化していくことを主張した時点にまで遡ることができるとされている[6]。

戦後の総合的な学習と経験カリキュラム

戦後新教育の時期には、アメリカの影響もあり、経験カリキュラムの立場からコア・カリキュラムが提唱された。コア・カリキュラムを推進したのは、コア・カリキュラム連盟である。文部省が教育課程の基準として示す学習指導要領は、その後、教科主義の立場が強くなったが、1989（平成元）年の改訂では生活科が新設され、また、小学校低学年における合科的な指導にも配慮がなされてきた。また、アメリカを中心とする人間中心教育課程の考え方やＳＴＳ教育の考え方が我が国にも影響を与えたり、1988（昭和63）年イギリスのナショナルカリキュラム策定に関連してクロスカリキュラムの考え方が日本にも紹介された。

1989（平成元）年に生活科が新設されてからは、児童の興味関心に即した学習活動がさまざまな形で展開されてきた。こうした学習活動が総合的な学習の底流となり、1998（平成10）年改訂学習指導要領における「総合的な学習の時間」の新設へとつながっている。

第3節 「総合的な学習の時間」の実践例

　「総合的な学習の時間」には，経験カリキュラムと教科カリキュラムとの関係に関する問題，教科書がないだけに新たなカリキュラムを創造するためのカリキュラム開発に関する問題，学習評価やカリキュラム評価に関する問題，年間計画と指導組織・運営といったカリキュラム・マネジメントに関する問題など，カリキュラム研究上の重要な問題が所在する。そうした点を踏まえ，ここでは，「総合的な学習の時間」の実践例を紹介する。

小学校における「総合的な学習の時間」の実践例

　本実践は，I市立I小学校第4学年において，J教諭が担任する学級で実践したものである。この実践の特徴は，「総合的な学習の時間」にポートフォリオ評価を取り入れ，ルーブリックの開発を行ったことである。学習テーマ，目的，育成する資質・能力，実践経過，学習の評価などは次のとおりである。

①実践学級
　I市立I小学校4年2組（男子14名，女子17名，計31名）
②学習テーマ
　「I市の水とS川―環境を視点に―」
③学習の目的
　調査探求活動に基づいた生きる力の育成，生き方の探究＝自立・共生
④育成する資質・能力
　課題把握・課題設定力，課題追求・課題解決力，思考力・判断力，創造力・表現力，生きて働く知恵・大きな成就感，地域への願い

⑤「総合的な学習の時間」の実践経過

　「総合的な学習の時間」が始まる４月に，担任（J教諭）は，他の学級担任とともに児童の学習の様子を話し合い，教師が児童の学習状況を評価するために必要な「総合的な学習の時間」の評価の観点をおおよそ設定しておいた。最初に行った探究活動では，S川での水の汚れ調査について，川での体験学習や興味・関心を持った対象の収集活動などを行った際に，その記録をポートフォリオとしてまとめた。学習記録の中には，「活動して分かったこと」「活動の自己評価」「活動のよかった点・悪かった点」「次回の活動の確認」の４つを，児童が学習を記録する際の観点として設定した。児童は，この学習記録の観点に基づいて自己の学習を記録し，ポートフォリオを作成していった。このポートフォリオは，児童の自己評価を含む学習記録であり，それをS川の調査時に毎回，集積してきた。７月には，１学期の学習活動を振り返るため，簡単な発表会を行った。

　９月には，これまでの学習物である観察記録や学習記録シートをはじめ，調査で得た自然物（石や押し花など）等の整理と見直しを行った。整理は，インフォーマル・データとフォーマル・データ[7]に分けて必要なものと不必要なものに分類した。例えば，石を調査の対象として集めてきた班は，収集してきた石を色別に分類し箱の中に固定し，いつでも観察することができるように工夫していた。

　学習記録の見直しについては，班活動を取り入れ，互いに学習の記録を見せ合いながら間違いや調査のデータを修正するなど，より確かな記録にするための活動を行った。例えば，A君は同じ班のB君の学習記録と自己の学習記録を比べて，自分の調べた内容に補足しているA君の学びの姿が見られた。A君は，このときの学習記録に，「B君の学習記録には僕の知らない虫の名前があった。新しく調べることができてよかった。」と感想を書いている。学習物の整理と見直しをすることによって，より明確な情報を得るだけでなく，学習物として豊かなものにすることができた。

⑥評価基準表を参考にしたルーブリックの作成

　１０月の２時間を使って，評価学習の時間として児童自身の手によるルーブリックの作成を行った。前時までに，児童は自分たちの活動を振り返り意見を出し合うことで，評価の枠組みを「自分のしたいこと」「調べ方」

「友達との勉強」「自分の力」という言葉で決定した。

児童が決めた4つの枠組みを踏まえ，担任は，「課題設定力」「情報活用力」「コミュニケーション力」「自己評価力」の4点を児童に分かる言葉で置き換え，ワークシートとして作成，配付した。

以上のような手順を経て，それぞれの児童が重要だと考える要素を自己評価のめあてにしたルーブリックを，一人ひとりが創り出していくことができた。

ルーブリックは，ABCの3段階になっており，児童が評価基準を参考にしながら，「A. 十分できる」「B. ふつう」「C. 努力が必要」という言葉に段階的に当てはめて自分自身の言葉で記入するようになっている。出来上がったルーブリックは，担任が全員分を確認し，文章として不備なものや用語の使い方などをチェックした。

ルーブリックを作成する目的は，これまでのポートフォリオ評価の課題であったファイル収集活動に終始することのないようにするとともに，児童の学習意欲を促すためと自己の学習の達成度を把握させるためである。

⑦本実践の特徴

本実践は，環境を視点にI市の水とS川に関する調査活動を行ったものである。学習の前半では，その都度行った学習の記録と自己評価をポートフォリオとして蓄積し，班活動の中で学習を深めたり，学習を見直したりするために役立てている。学習の後半では，児童が自己評価するルーブリックを児童の検討によって作成している点に大きな特徴がある。これらの方法は，2017（平成29）年改訂の学習指導要領が目指す「主体的・対話的で深い学び」を実現させる方法としても重要である。

中学校における「総合的な学習の時間」の実践例

本実践は，N市立S中学校第1学年において，K教諭が担任する学級で実践したものである。この実践の特徴は，地域の学習資源（リソース）を活用し，学級の生徒がテーマ別・個人別の問題解決的な学習を行い，探求を深めたことである。学習テーマ，目的，育成する資質・能力，実践経過，学習の評価などは次のとおりである。

①実施学級
　N市立S中学校1年1組（男子15名，女子14名）
②学習テーマ
　「野生動物と人間のくらし」
③学習の目的
　「地域社会を知る」を主題とした問題解決的な学習を展開し知の総合化を図る。
④育成する資質・能力
　課題発見・課題探求力，課題解決力，思考力・判断力・表現力，コミュニケーション能力，知の総合化力，地域の見直し
⑤「総合的な学習の時間」の実践経過
　K教諭の所属するS中学校では，「総合的な学習の時間」において地域の学習資源（リソース）を活用して内容を構想する問題解決的学習を展開してきた。この学習は，S中学校が「総合的な学習の時間」の開始当初から試行と検討を進め，総合カリキュラムの全体構想を練り上げてきたものである。S中学校では，「総合的な学習の時間」である「ふるさと西部」の中に，各学年・学級を中心に題材を設定して取り組む時間として，「アクティブ・タイム」を位置付けてある。「アクティブ・タイム」は，地域の学習資源（リソース）から構想する学年・学級・テーマ・個人別の問題解決的な学習である。
　「アクティブ・タイム」における各学年の学習主題及び追究方法は，まず第1学年では，「地域社会を知る」を主題として，学級主体による活動を展開する。次に第2学年では，職業体験学習を基にした「総合的な学習の時間」を展開するもので，「地域で働き理解を深める」を主題とし，学年内を幾つかの課題に分けて行う学習活動を行う。そして第3学年では，第1学年及び第2学年における課題解決学習・問題解決学習の基礎力を土台として，個人テーマの追究を行う「社会の中で生きる」を主題に据えた学習活動を行っていくものである。
　以上がS中学校の各学年における「アクティブ・タイム」のカリキュラム構想である。次に，K教諭が，1年1組において実施した「アクティブ・タイム」における実践事例を取り上げる。1年1組の「総合的な学習の時

間」「アクティブ・タイム」では、「野生動物と人間のくらし」を中心テーマに据えたカリキュラムを構想し、実践した。

　教科学習のカリキュラムと違い、教科書のない「総合的な学習の時間」では、児童生徒の学びを構想していく上で、地域を中心とした様々な学習資源（リソース）を開発することが必要である。事例学級である1年1組では、活動の立ち上げ段階において、学級共通の課題解決学習として「善光寺と平和の象徴ハト」を位置付け、さらにその追究過程で生じた「問い」や「願い」を基に、個人やグループ活動による問題解決的な学習へと移行させる学習展開を構想した。

　一般に「平和の象徴」に例えられるハトであるが、「果たして善光寺近辺で生活する人々や観光客にとって、本当に『平和の象徴』として認知されているのか」という課題を設定し、その課題を解決すべく、生徒たちはグループ単位による活動計画を立案した。そして善光寺に生息するハトの観察、善光寺仲見世の方々及び観光客へのインタビュー調査活動、クラスでの報告会、そして意見交換等を行った。これら一連の活動を通して、学級の生徒間において新たな「問い」や「願い」が生じることとなった。

⑥テーマとサブトピックとの関連性をもたせる

　続いて、課題解決過程で生じた生徒一人ひとりの「問い」や「願い」を大切にしながら追究のイメージを持たせるために、生徒が思い付いた言葉を関連付けるウェビングを行い、自らの「問い」や「願い」を基に展開していく「総合的な学習の時間」の追究過程を明確化させた。「善光寺と平和の象徴ハト」の課題解決学習から、ウェビングによって追究のイメージが明確化になり、「アニマルX～野生動物と人間のくらし～」がクラステーマとして位置付けられ、その後は一人ひとりの「問い」や「願い」を大切にした学習、すなわち問題解決的な学習を志向した学習が展開されることになった。これにより、「アクティブ・タイム」において実施する「総合的な学習の時間」のテーマとサブトピックの関連性をもたせることができるようになった。

　1年1組では、「総合的な学習の時間」である「アクティブ・タイム」における中心テーマを、「アニマルX～野生動物と人間のくらし～」とした。そして、前述した課題解決学習「善光寺と平和の象徴ハト」の活動を通し

て，新たに生じた「問い」や「願い」を基に構想されたサブトピックは6つである。すなわちそれらは，a「ハトによる利益と被害，そして被害を最小限にする方法」，b「絶滅しそうな動物たち」，c「野鳥の被害を防ぐ工夫」，d「ツキノワグマの被害」，e「野生動物による家庭ゴミあさりの被害と対策」，f「野生動物へのエサやりマナー」である。これは，テーマとサブトピックを有機的に関連付けた「総合的な学習の時間」のカリキュラムを構想したものである。

　生徒たちは，中心となるテーマを常に意識しながら，上に示した6つのサブトピックのグループに分かれて学習を展開した。事例校での「総合的な学習の時間」の実践においては，中心となるテーマとサブトピックの関係が明確に位置付けてある。そして，各サブトピックのグループによる学習の構想や成果を共有化する場面を位置付けながら実践していくことで，それぞれの視点から追究した「野生動物と人間のくらし」に関する感想及び意見を交流し，比較対照しながら活動を展開することができた。

　総合カリキュラムの実践においては，第1に，ウェビングの手法を取り入れることにより，テーマとサブトピックを有機的に関連付けたカリキュラム構想の有用性が確認できた。第2に，生徒の学びの質を高めるようなカリキュラムを構想するには，学習資源（リソース）の質を重視し学習者の意味構造に着目することが重要であるといえる。

⑦学習課題の追究と発展

　本実践において，サブトピックとして「絶滅しそうな動物たち」を選んだグループは，実際に野生動物が保護されている現場に参加してみたいと考え，11月の休日を利用して，N市内にある動物園に行き，獣医師のTさんから動物保護の現場を案内していただく機会を得た。本やインターネットでの学習と違い，実際に保護動物の姿を目の当たりにしながらの学習であり，興味を持って意欲的に参加していた。

　ところで，動物保護の現場の案内が一通り終わると，獣医師のTさんが，学習のまとめとして「野生動物の保護が，野生動物の誘拐になっている」との話をしてくださった。生徒たちは，「保護」と「誘拐」という相反する状況を理解しようと努めながらも，Tさんの話の中に登場した「生態系」や「食物連鎖」の意味をより深く知る必要を感じたのである。

この出来事は、「絶滅しそうな動物たち」のグループだけでなく、「野生動物と人間のくらし」を中心テーマに据えて学習を展開してきたクラス全員に考えてほしい内容であると判断し、早速、Ｔさんの言葉の意味を解釈し、説明するよう全員に課題を出した。課題の内容は、「次の言葉の意味を、『生態系』、『食物連鎖』の２つのキーワードを使いながら自分なりに説明しなさい」である。課題として配付した資料には、Ｔさんが「絶滅しそうな動物たち」のグループに話してくださった内容を基に作成したものである。このように、対立点や論争点を明確にした内容を扱う「総合的な学習の時間」を構想することは、生徒一人ひとりの中に葛藤をも含みつつ、生徒にとって必要感のある課題追求能力や問題解決能力を養うことになる。このような学習の展開を可能にするには、タイミングを捉えて「内容の関連・総合化」を図るための具体的なきっかけをつくることが重要となる。

　その後、１年１組の「総合的な学習の時間」においては、図書館やインターネット等を活用しながら、一人ひとりが上記の課題に取り組むことになった。そして、本来なら中学３年生の理科の授業で学習する「生態系」や「食物連鎖」の意味について、１年生の生徒が自分なりの方法で解釈し、生物同士の関係を図式化するなどして、レポートを完成させたのである。

⑧本実践の特徴

　本実践は、「地域社会を知る」を主題とした「総合的な学習の時間」の取り組みとして、地域の学習資源（リソース）を活用し、生徒がテーマ別・個人別の問題解決的な学習を深めることによって知の総合化を図ったものである。学校全体の「総合的な学習の時間」の構想のもとに、学級のテーマとサブトピックを関連付けるために、ウェビングの手法を取り入れたり、訪問先の獣医師の言葉を手掛かりに、さらに発展した学習に展開していったりした点に大きな特徴がある。

　本実践は、１年生の「総合的な学習の時間」で探究した内容が、３年生の理科の内容にまで発展しており、これらの方法は、2017（平成29）年改訂の学習指導要領が目指す「主体的・対話的で深い学び」の方法としても参考になる。

高等学校における「総合的な学習の時間」の実践例

　本実践は，R県立M高等学校第1学年において，公民科のU教諭が中心に，担当する科目「現代社会」の授業と「総合的な学習の時間」とを関連させて行ったものである。この実践の特徴は，18歳選挙権の導入によって必要性が高まった主権者教育を視野に入れて実施したことである。また，内容的にはキャリア教育と関連させ，方法的にはアクティブ・ラーニングとカリキュラム・マネジメントを関連させて実践したことにも特徴がある。生徒が主体的に地域の問題を考え活動することによって，主権者としての意識を醸成するとともに，学校と地域との連携を深めている。

　本書への掲載にあたっては，「総合的な学習の時間」との関連に焦点をあてるために実践の内容等に変更を加えてある。学習テーマ，目的，育成する資質・能力，実践経過，学習の評価などは次のとおりである。

①実施学年

　R県立M高等学校第1学年のU教諭担当の授業（「現代社会」および「総合的な学習の時間」）

②学習テーマ

　「地域活性化の方策を探る」

③学習の目的

　地域の活性化を視点に，産業・職業への理解を深める。18歳選挙権への対応を踏まえた主権者教育につなげる。

④育成する資質・能力

　課題発見・課題解決力，思考力・判断力・表現力，コミュニケーション能力，ファシリテーション能力，キャリア形成能力，地域活性化の提案力

⑤「総合的な学習の時間」の実践経過

　事例として取り上げるR県立M高等学校は，県中部のM町中山間地に所在する全日制普通科高等学校である。各学年5学級であり，調和のとれた人間教育，地域社会に貢献する人材の育成などを目標とした教育を実践している。生徒は，明朗活発で学習に対して前向きに取り組んでおり，生徒の約7割が進学希望である。近隣の高等学校はM高等学校のみであり，地域活性化を課題とするM町の期待がかかっている。

M高等学校では，第1学年必修科目の「現代社会」の内容を基礎にして，「総合的な学習の時間」の内容と関連させながら主権者教育を行っている。それらの授業では，地域連携活動を取り入れアクティブ・ラーニングとカリキュラム・マネジメントに基づいた実践を行っている。実践の方法として，地域の教育環境を生かし，地域の行政機関及び民間企業からの講師招聘，地域活性化のためのフィールドワーク，レポート及び学習成果報告書の作成とプレゼンテーションなどを取り入れ，課題発見・課題解決型の授業を展開している。地域と連携した活動の中には，生徒が将来の進路を考えるために，地域の産業・職業を知るキャリア教育の内容も含まれている。

表3-1　「現代社会」+「総合的な学習の時間」学習計画概要

時期	学習内容	留意点
4～5月	「現代社会」を中心に国と地域の関係に関する基礎知識を扱う	「総合的な学習の時間」では，地域の問題に目を向けさせる
6月	4～5名のグループを編成，クラス毎およびグループ毎にテーマを設定	グループのテーマは，クラスのテーマを踏まえて設定する
7～8月	「地域の環境問題」，「地域の産業」，「地域の文化」，「地域の活性化提案」等に関する探求学習（グループ学習）	8月は，夏休みの課題として行う
9月	現代経済の仕組み及び政治的教養の育成について	「現代社会」で実施（主権者教育）
10月	M町職員による出前授業 企業社員による出前授業	各クラス40分（生徒司会による講師紹介1分，御礼の言葉1分を含む）で実施
11月	地域の企業訪問	中学生へのオープンスクールの振替日に実施
12月	レポートの作成と指導	レポート作成指導は「総合的な学習の時間」で実施，冬休みの課題と連動させる
1～2月	現代の社会の課題と地域について学習成果のグループ発表 クラス全体の学習成果報告書の作成	「総合的な学習の時間」でクラス内発表 模擬請願（第3学年までの代表グループ）

⑥アクティブ・ラーニングとカリキュラム・マネジメントの連動
　以上の実践には，生徒が主体となって取り組むグループ学習，調査探究活動，発表と協議などのアクティブ・ラーニングが取り入れられている。

さらに，第3学年までの間には，学習の成果を模擬請願の形で自治体に提出したり，町職員の出前授業を実施したり，町長が学校の授業を参観したりするなど地域との連携を強めている。これら教科と「総合的な学習の時間」との連携，学校と地域との連携に関わる実践は，カリキュラム・マネジメントを図ったことの成果である。アクティブ・ラーニングを有効に活用するために，カリキュラム・マネジメントが連動的に行われたといえる。

　以上の実践の背景には，学校に寄せられる地域活性化の期待や2015（平成27）年6月の公職選挙法改正により2016（平成28）年6月から導入された18歳選挙権に伴う主権者教育の必要性がある。こうした地域の要望を背景に，地域の教育環境を学校の教育活動に生かし，学校の教育活動の成果を地域に還元していくことが，学校と地域との関係に新しい循環的な展開を生んでおり，新たな教育環境の構築につながっている。

⑦本実践の特徴

　表3-2は，本実践の特徴を学習の内容面と方法面からまとめたものである。本実践では，主権者教育を推進するために，町職員の出前授業，地域活性化のためのフィールドワーク（企業訪問等），模擬請願，学習成果報告書の作成など，地域の教育環境を生かした様々な活動を行っている。

　本実践は，学校教育の目的を地域社会と共有して，人材育成を図るものであり，2018（平成30）年改訂の学習指導要領が目指す「社会に開かれた教育課程」の好適なモデルといえよう。

表3-2　内容面と方法面に関する実践の特徴

内容的特徴	主権者教育，キャリア教育，地域の産業調べ，地域課題の探求，地域連携方策の提案
方法的特徴	アクティブ・ラーニングとカリキュラム・マネジメントの連動的推進，グループ活動，フィールドワーク（企業訪問等），調査探求活動，町職員出前授業，地域の講師活用（行政機関・民間企業），レポート作成,学習成果報告書作成,学習成果のプレゼンテーション

課題図書

- 松下佳代『パフォーマンス評価―子どもの思考と表現を評価する―』日本標準ブックレット，2007年
- 西岡加名恵・石井英真・田中耕治編『新しい教育評価入門―人を育てる評価のために―』有斐閣コンパクト，2015年
- 尾木直樹『取り残される日本の教育―わが子のために親が知っておくべきこと―』講談社＋α新書，2017年
- 奈須正裕『「資質・能力」と学びのメカニズム』東洋館出版社，2017年
- 小針誠『アクティブラーニング―学校教育の理想と現実―』講談社現代新書，2018年

註

(1) この間に，1998（平成10）年4月には，文部省の教育改革プログラムが改訂され，1998（平成10）年度中を目途に学習指導要領の改訂を行い，小・中学校は，2002（平成14）年度から実施することが示された。完全学校週5日制の実施は，当初2003年度から実施が予定されていたが，新学習指導要領の実施に合わせ1年早めることになった。なお，学校週5日制については，1992（平成4）年9月から月1回，1995（平成7）年4月から月2回という形で段階的に実施してきた。

(2) 平野朝久「オープン教育の立場に立つ授業の基礎(4)」『東京学芸大学紀要第1部門』第47集，1996年，250頁。

(3) 淀川茂重「途上」淀川茂重先生遺稿集刊行会『淀川茂重先生遺稿集』信濃教育会出版部，1957年，6頁より。

(4) 淀川茂重は，自身が行った学習活動の理論的根拠の1つとして，デューイの教授理論を検討したことを述べている（同上書，57頁）。

(5) 奈良女子大学文学部附属小学校創立八十周年記念誌編集係『わが校八十年の歩み』創立八十周年記念事業実行委員会，1995年。合科学習は，後に総合学習と重なって捉えられている。

(6) 田中統治「総合活動による教科構成の再編―筑波大学附属小学校の場合―」研究代表柴田義松『教科構成の再編（分化と統合）に関する基礎的調査研究』平成5－7年度科学研究費補助金（総合研究A）研究成果報告書，1996年，25頁。

(7) フォーマル・データは，意図的，計画的に収集したデータ，インフォーマル・データは，非意図的，非計画的に収集したデータを意味する（加藤幸次「21世紀型『評価活動』の創造」加藤幸次・安藤輝次『総合学習のためのポートフォリオ評価』黎明書房，1999年，21頁）。

第4章
カリキュラム・マネジメントの理論と実践

　ここでは，新学習指導要領においてカリキュラム・マネジメントが重視されてきた動向を踏まえ，カリキュラム・マネジメントの基礎理論と実践の要点について学ぶ。現在，学校や教育行政においても，従来の教育課程経営という言葉に替わり，カリキュラム・マネジメントという用語が頻繁に使われ始めている。こうした新学習指導要領の方向性を踏まえ，本章では，教育方法としてのアクティブ・ラーニングと学校経営としてのカリキュラム・マネジメントの連動的導入と今後の有効な実践に関して，その基本となる理論的視点と実践の要点を示すことにする。

　第1節では，新学習指導要領で示された教育課程及びカリキュラム・マネジメントの意義と定義について説明し，教育課程経営からカリキュラム・マネジメントへの用語の推移を概観する。

　第2節では，カリキュラム・マネジメントに関する先行研究を検討し，理論的動向を明らかにする。また，カリキュラム・マネジメントを実践する際に重要となる視点として，カリキュラム・マネジメントの階層的構造を示す。

第1節

カリキュラム・マネジメントの意義と定義

教育課程とカリキュラム・マネジメントの意義

　2017（平成29）年3月に改訂された中学校学習指導要領では，教育基本法第2条に規定された教育の目標を示した上で，教育課程の意義を次のように述べている。すなわち，「これからの学校には，こうした教育の目的及び目標の達成を目指しつつ，一人一人の生徒が，自分のよさや可能性を認識するとともに，あらゆる他者を価値のある存在として尊重し，多様な人々と協働しながら様々な社会的変化を乗り越え，豊かな人生を切り拓き，持続可能な社会の創り手となることができるようにすることが求められる。このために必要な教育の在り方を具体化するのが，各学校において教育の内容等を組織的かつ計画的に組み立てた教育課程である」（小学校，高等学校，特別支援学校も同様）と述べている。

　ここに述べられたことからも分かるように，教育の目標を達成するために必要な教育の在り方を具体化するのが，各学校において教育の内容等を組織的かつ計画的に組み立てた教育課程であるといえる。各学校の教育課程は，日本国憲法，教育基本法，学校教育法，学校教育法施行規則，地方教育行政の組織及び運営に関する法律などを根拠として，学習指導要領に基づき，児童生徒や地域の実態を踏まえて編成されている。これらの諸法令の基礎の上に，各学校における教育課程とそれを実施するカリキュラム・マネジメントが成立していることになる。

　このように，教育課程の編成にあたっては，学習指導要領に基づき，児童生徒や地域の実態を踏まえ，教育目標の設定，教育内容の選択，教育内容の配列，指導組織の決定，指導計画の作成を行っていく。実施した教育

課程が，児童生徒が学ぶ経験の総体としてどのような意味があるのかを教育活動の改善の視点から検討することが，カリキュラム・マネジメントの重要な意義であるといえる。

なお，学習指導要領においては，基本的に教育課程という用語を用い，カリキュラム・マネジメントという用語以外には，単独ではカリキュラムという用語を用いていない。第2章で述べたように，教育行政の用語としては，カリキュラムという用語より教育課程という用語を用いるのが一般的であるが，広く教育に関する用語としては，教育課程とほぼ同義で，カリキュラムという用語も使われてきた。

カリキュラム・マネジメントの役割

カリキュラムの編成，実施，評価，改善のプロセスに関する学校経営のシステムをカリキュラム・マネジメントという。カリキュラム・マネジメントは，開発編成したカリキュラムを実施，評価，改善していく組織的な営みである。今日，学校に寄せられる様々な社会的要請に応え，特色ある学校づくりを実現するために，学校におけるカリキュラム・マネジメントの在り方が大きな課題になっている。各学校では，より効果的な教育活動を実現するために，実施中のカリキュラムを評価検討し，改善していかなければならない。

現在，カリキュラム・マネジメントが特に重視されているのは，「総合的な学習の時間」をはじめとする学校の主体性に基づいた新しいカリキュラムを開発編成する営みが広く行われるようになってきたからである。また，時代の変化に伴い，外国語活動，道徳科，プログラミング教育，主権者教育，キャリア教育など，新たな教育内容や教育方法を効果的に取り入れるために，教科横断的な指導や地域との連携が一層必要になっているからである。

そのため，各学校では，どのようなカリキュラム・マネジメントを行うかについて，学年，教科，分掌の全組織によるあらゆる角度からの検討と改善への取り組みが必要である。それにより，カリキュラムの実施状況やその効果が検証でき，学校の特色化に向けての経営活動が可能になるので

ある。

新学習指導要領とカリキュラム・マネジメントの定義

2017（平成29）年に改訂された新学習指導要領（小・中学校2017（平成29）年3月31日，特別支援学校幼稚部・小学部・中学部2017（平成29）年4月28日，高等学校2018（平成30）年3月30日，特別支援学校高等部2019（平成31）年2月4日改訂）では，カリキュラム・マネジメントとアクティブ・ラーニング（主体的・対話的で深い学び）の連動的導入が重視されている。第3章で実践例を示したように，アクティブ・ラーニングは，「総合的な学習の時間」をはじめすべての授業で工夫して取り入れられなければならない課題である。アクティブ・ラーニングを効果的に実施するために，各学校における授業内の工夫はもちろん，教科横断的な指導や地域との連携を図るカリキュラム・マネジメントが従来以上に重視されるようになっているのである。そのため，現在，カリキュラム・マネジメントの意義が一層高まっているといえる。

新学習指導要領総則では，小・中・高等学校・特別支援学校ともに，カリキュラム・マネジメントの意義を次のように示している。「各学校においては，生徒や学校，地域の実態を適切に把握し，教育の目的や目標の実現に必要な教育の内容等を教科等横断的な視点で組み立てていくこと，教育課程の実施状況を評価してその改善を図っていくこと，教育課程の実施に必要な人的又は物的な体制を確保するとともにその改善を図っていくことなどを通して，教育課程に基づき組織的かつ計画的に各学校の教育活動の質の向上を図っていくこと（以下「カリキュラム・マネジメント」という。）に努めるものとする」（小学校は児童）。これは，学習指導要領において初めて示されたカリキュラム・マネジメントの定義といってよいだろう。

教育課程経営からカリキュラム・マネジメントへ

今日のようにカリキュラム・マネジメントという用語が普及する以前は，同義の用語として，教育課程経営という言葉が使われていた。教育課程経

営は，学校の教育活動を組織的かつ計画的に推進するために，年間の教育内容や教育計画を児童生徒及び地域の実態を踏まえて作成し，それらを編成して実施し，また，学期末や年度末等に評価することであった。それを，教育課程経営のPDSサイクルといい，P（Plan）→D（Do）→S（See）のサイクルで年間の教育課程の推進を図るものであった。

　本来，教育課程経営という用語は，教育課程に関連する様々な活動を学校経営の中核的機能として位置付け，学校改善を教育課程の改善によって果たしていくという意味を持つものであった[1]。しかし，実際には，教育課程経営の概念は，教育課程に関する諸表簿（指導要録，教育課程表，年間計画，時間表，評価基準表等）の作成と管理を担う面に理解の重きが置かれていたところがあり，授業の有効な実施と改善にまで結びついたり，教育活動の有効化を図る学校組織の改善につながったりするという面が，用語上のイメージとしては乏しかった。また，教育課程の管理という言葉も使われていたように，教育課程を教育委員会に届け出ることをはじめ，学校が教育課程を法律等に基づいて遺漏なく遂行していることを表すという側面が強かった。そのため，2017（平成29）年の学習指導要領改訂を契機に，時代に即した教育課程の創造的開発，新たな教育内容や教育方法の導入に関わる諸条件の整備，実施した教育課程に関する評価と組織的改善などの意味合いを持って，カリキュラム・マネジメントという用語が広く使われ浸透するようになったのである。

カリキュラム・マネジメントの導入とその教育行政的背景

　カリキュラム・マネジメントについては，その大枠として，学校経営に関するPDCAサイクルの考えが定着してきて既に久しい。近年におけるその嚆矢となったのは，1998年（平成10）の中央教育審議会答申「今後の地方教育行政の在り方について」（1998.9.21）である。同答申において，各学校の判断によって自主的・自律的に特色ある学校教育活動を展開できるようにするため，学校運営組織の見直しと学校裁量権限の拡大を図ることが提言され，学校評価と学校評議員制の導入につながったものであった。同年に行われた学習指導要領改訂においては，特色ある学校づくりの方向

が学習指導要領に明記されるとともに，教育成果を測る指標として目標に準拠した評価（いわゆる絶対評価：2002年〜）の導入が行われた。目標に準拠した評価が学習評価の主流になったことにより，各学校において児童生徒の学習内容を規定しているカリキュラムの在り方についても評価する動きが強まってきた。

　このような状況に加えて，学校評価の法的導入（2002年小・中学校設置基準，2007年学校教育法及び同法施行規則改正〜）及び全国学力・学習状況調査の実施（2007年〜）により，学校経営のPDCAサイクルに基づき教育成果の検証と改善への取り組みが一層強まってきた。こうした学校の特色化と成果検証・改善の方向性が強まる中で，カリキュラムとその成果に関する特色を強調する学校経営の戦略的動きとも相俟って，現在，学校経営の基盤となるカリキュラム・マネジメントの在り方が重要視されているのである[2]。

第2節 カリキュラム・マネジメントに関する研究動向

カリキュラム・マネジメントに関する理論的研究

　カリキュラム・マネジメントに関しては，中留武昭（1999，2002，2004，2005，2015）[3]の理論的研究をはじめ，田中統治（2001，2005）[4]，田村知子（2006，2011，2014a，2014b）[5]，臼井智美（2011）[6]，天笠茂（2011，2013，2016）[7]等が研究成果を公表している。また，筆者も教育課程経営の観点から実証的な研究を行い，カリキュラム・マネジメントを含めて考究している[8]。ここでは，まず，理論面からカリキュラム・マネジメントに関する機能の精緻化と実質化を図った田村知子の業績をとり上げる。

　田村は，学校経営研究，教育課程行政，学校教育の領域に，カリキュラム・マネジメントの用語が登場してきた経緯を概述した上で，組織構造と組織文化との相互関係を組み入れたカリキュラムマネジメント・モデルの基本構造を示している[9]。カリキュラム・マネジメントのモデルに組織文化との関係を位置付けた点は，田村が踏み込んだ新たな領域であるが，同論文ではカリキュラムマネジメント・モデルの概略を提示するに留まっている。

　さらに，田村は，それを詳細に考究した内容として，カリキュラム・マネジメントの用語が教育課程行政に登場してきた経緯[10]を明らかにした上で，より精緻に組織構造と組織文化との相互関係を組み入れたカリキュラムマネジメント・モデルの関係構造を示している[11]。すなわち，まず，用語としてのカリキュラム・マネジメントに関して，教育課程行政における初出は，2008（平成20）年1月の中央教育審議会答申「幼稚園，小学校，

中学校，高等学校及び特別支援学校の学習指導要領等の改善について」で，教育課程や指導方法等の不断の見直しによる「カリキュラム・マネジメント」の確立の必要性が記されたことを示している。次いで，2008（平成20）年改訂の学習指導要領では，小・中学校学習指導要領解説の総合的な学習の時間編において，計画，実施，評価，改善というカリキュラム・マネジメントのサイクルを着実に行うことの重要性が示されたことを明らかにしている。

カリキュラム・マネジメントの組織と文化

また，田村が示したカリキュラムマネジメント・モデルの関係構造に関しては，従来のPDCAを中心とした循環サイクルに組織構造と組織文化を関連付けて機能的な構造図として提示した点が新しく，かつ，単なる構造図の域を超えて実用的である。このような学校経営モデルに関する実用性を伴う提案は，かつての学校経営診断票[12]などに類似の発想が見られたが，田村の場合は，票や表の形式ではなく，モデル図の中に診断的要素を組み入れた点が動的であり新奇性がある。実際，田村が開発したカリキュラムマネジメント・モデルを利用して学校が行っているカリキュラム・マネジメントに対する診断的な研修も行われている[13]。

このモデルの特徴は，「モデル自体をカリキュラムマネジメントのプロセスや要素間の関連性などを考察するための分析枠組みとして適用できることである。これらの特徴が示しているように，カリキュラムマネジメント・モデルの適用が，学校の実践を自律的なカリキュラムへとつくり換えていく有効性を持っている」[14]といえる。田村は，カリキュラム・マネジメントの概念モデルを，PDCAの循環型モデルから組織構造と組織文化との関連を位置付け，診断的要素を付加した機能的なモデルに転換したと捉えられ，そこに学術的な意義を見いだすことができる。

カリキュラム・マネジメントの実証的研究

その他，カリキュラム・マネジメントに関する実証的な先行研究として，

宮下治（2015）[15]，阿部一也（2007）[16]を挙げることができる。宮下は，校内で行われている授業研修会の状況を分析し，カリキュラム・マネジメントの視点を持つことが有効であることを明らかにしている。阿部は，カリキュラム・マネジメントに関する高等学校の実践事例を分析している。阿部は，複数の高等学校の教育課程の実施状況を分析し，カリキュラム・マネジメントの視点を中心に置くことによって，カリキュラム・マネジメントが学校改善の有効なストラテジー（戦略）として機能していることを明らかにしている。

また，キャリア教育の推進に関する質問紙調査に基づいた辰巳哲子（2009，2013）[17]の研究がある。辰巳（2009）は，カリキュラム・マネジメントの観点から，体系的なキャリア教育が行われるための条件を明らかにした上で，辰巳（2013）において，全国中学校の調査により，キャリア教育の推進に影響を与えるカリキュラム・マネジメントの要素を明らかにしている。

教育行政用語としてのカリキュラム・マネジメントの普及

以上を踏まえ，カリキュラム・マネジメントの用語が，中央教育審議会答申，学習指導要領等における教育行政によりどのように使われ始め普及してきたか，その経緯をまとめると表4-1のようになる。

授業のカリキュラム・マネジメントと学校全体のカリキュラム・マネジメント

上述した先行研究は，基本的に学校全体で推進するカリキュラム・マネジメントの在り方について考究したものである。カリキュラム・マネジメントに関する研究の多くは，学校全体で推進することを想定したものであり，今日，新学習指導要領との関連で重視されているカリキュラム・マネジメントの在り方に関しても学校全体で推進することが基本的方向となっている。これは，カリキュラム・マネジメントが各学校において学校経営の一環として行われていることから，カリキュラム・マネジメントの大枠は学校経営のPDCAサイクルであると考えれば当然であるともいえる。

表4-1　カリキュラム・マネジメントの用語に関する教育行政的経緯

1998（平成10）年　学習指導要領改訂
「総合的な学習の時間」創設され，各学校に主体的で独自なカリキュラムづくりが求められる。

1998（平成10）年9月　中教審答申「今後の地方教育行政の在り方について」
学校経営の裁量権限が拡大，各学校の自主的・自律的な学校経営の方向が強まる。

1999（平成11）年頃　カリキュラム・マネジメントの用語が中留武昭によって使われ始める。以降，カリキュラム・マネジメントの用語が教育関係に広まっていく。

2003（平成15）年10月　中教審答申「初等中等教育における当面の教育課程及び指導の充実・改善方策について」
校長や教員等が教育課程の開発や経営に関する「カリキュラム・マネジメント」の能力を養うことの必要性が指摘される。（教育行政用語としての初出）

2004（平成16）年　独立行政法人教員研修センターにおいて「カリキュラム・マネジメント指導者養成研修」開始

2008（平成20）年1月　中央教育審議会答申「幼稚園，小学校，中学校，高等学校及び特別支援学校の学習指導要領等の改善について」（2008.1.17）
教育課程や指導方法等の不断の見直しによる「カリキュラム・マネジメント」の確立の必要性が記される。

2008（平成20）年　学習指導要領改訂　解説に「カリキュラム・マネジメント」の語を使用
小・中学校学習指導要領解説の総合的な学習の時間編において，計画，実施，評価，改善というカリキュラム・マネジメントのサイクルを着実に行うことの重要性が示される。

2015（平成27）年　中央教育審議会教育課程企画特別部会が論点整理発表（8.26）
アクティブ・ラーニングとカリキュラム・マネジメントを連動的に捉え，一体的導入を図ることを提言する。

2016（平成28）年　中央教育審議会答申「幼稚園，小学校，中学校，高等学校及び特別支援学校の学習指導要領等の改善及び必要な方策等について」（2016.12.21）
各学校における「カリキュラム・マネジメント」の確立：学習指導要領等に基づき教育課程を編成し，それを実施・評価し改善していくことが求められる。これが，いわゆる「カリキュラム・マネジメント」であると，明確に述べる。

しかし，実際のカリキュラム・マネジメントにおいては，その内容と範囲，担当する主体によって，学校独自の階層的構造によるタイプがあると考えたほうが現実に適合している。小学校等で学級担任が行うカリキュラム・マネジメントもあれば，中学校等で教科担任が自分の授業の条件を整えるために行うカリキュラム・マネジメントもある。また，教科単位や学年単位で行うカリキュラム・マネジメントもあるからである。

カリキュラム・マネジメントの階層的構造

そこで，それら様々なカリキュラム・マネジメントを授業，教科，学年，学校という階層に分けると実態をより反映した区分ができる。そのタイプとは，表4-2に示すようなA授業タイプ，B教科タイプ，C学年タイプ，D学校タイプである。

表4-2 カリキュラム・マネジメントの階層的タイプ

領域	内容（PDCA）	担当する主体
A．授業タイプ	授業に関する諸条件の配慮と整備（例：カリキュラムの開発，評価の工夫，地域・保護者ボランティアの配置）	授業担当者・担任
B．教科タイプ	教科主体による諸条件の配慮と整備（例：教科の特色化のためのカリキュラム・マネジメント）	教科主任
C．学年タイプ	学年主体による諸条件の配慮と整備（例：学年の特色化のためのカリキュラム・マネジメントの推進）	学年主任
D．学校タイプ	学校全体による諸条件の配慮と整備（例：研修テーマを推進するためのカリキュラム・マネジメントの推進）	教務主任・教頭・校長
各タイプの組み合わせ	（図）	

授業主体のカリキュラム・マネジメント

ここで重要になるのは，Aタイプの取り組みを含めたカリキュラム・マネジメントの考え方である。授業者にとって，カリキュラム・マネジメントには，日々の授業を充実するための営みが含まれる。すなわち，個々の授業に関しては，校内研修とカリキュラム・マネジメントとの関連への配慮を基本としながらも，授業の実施に際するより良い条件整備を図ることがカリキュラム・マネジメントの重要な実践的条件となる。それは，教育効果を高めるための条件整備活動であり，カリキュラム実施へのより良い条件整備に相当するものである。すなわち，授業による教育効果を上げる

ために行われる外部人材の活用，教員組織の連携，指導組織の充実などに関する配慮が，カリキュラム・マネジメントの一環として重要な条件整備活動になる。

　また，新たな教育課題への取り組みは，学校内に先導的な実践が進んでいると，管理職の働きかけによって学校全体の取り組みが円滑に進むことが明らかにされている[18]。Dタイプのように学校全体のカリキュラム・マネジメントを推進する場合であっても，Aタイプの取り組みのような先導的な実践が行われていれば，教務主任・教頭・校長等の働きかけによって，学年，教科，学校全体をAタイプの取組をモデルとしてリードすることができ，学校全体のカリキュラム・マネジメントがより円滑に推進されるのである。

　第3章第3節で示したM高等学校の事例は，当初はU教諭が授業の中で実践していた内容が核となったもので，主権者教育の導入という必然性を背景に，学年全体，学校全体の取り組みに発展していったものである。AタイプからDタイプへ発展したカリキュラム・マネジメントの事例といえる。

課題図書

- 藤田伸一『論理的思考力を育てる説明文の授業』(学事ブックレット国語セレクト12) 学事出版, 2007年
- 田村知子『カリキュラムマネジメント―学力向上へのアクションプラン―』日本標準ブックレット, 2014年
- ぎょうせい編『学校ぐるみで取り組むカリキュラム・マネジメント』(新教育課程ライブラリVol.5) ぎょうせい, 2016年
- 末松裕基・大野裕己・荒井英治郎・山下晃一・織田泰幸他『教育経営論』(教師のための教育学シリーズ4) 学文社, 2017年
- ネットワーク編集委員会編『学び手中心の授業の始め方』(授業づくりネットワークNo.32) 学事出版, 2019年

註

(1) 山﨑保寿「第4章 教育課程の開発と学校経営戦略」日本教育経営学会編『自律的学校経営と教育経営』(日本教育経営学会創立40周年記念出版)、玉川大学出版部, 2000年12月, 76〜91頁。
(2) カリキュラム・マネジメントの重要性については、2015(平成27)年12月に発表された中央教育審議会の3答申「チームとしての学校の在り方と今後の改善方策について」「これからの学校教育を担う教員の資質能力の向上について〜学び合い、高め合う教員育成コミュニティの構築に向けて〜」「新しい時代の教育や地方創生の実現に向けた学校と地域の連携・協働の在り方と今後の推進方策について」(2015.12.21)においても、社会に開かれた教育課程を推進する観点等から、カリキュラム・マネジメントについて管理職も含めた全ての教職員がその必要性を理解し教育活動を推進し授業を構想することを述べている。
(3) 中留武昭「総合的学習のカリキュラムマネジメントの基軸と戦略(1)」『学校経営』第44巻第5号, 1999年4月, 56〜63頁(以降47回の連載)。
中留武昭『学校と地域とを結ぶ総合的な学習―カリキュラムマネジメントのストラテジー―』教育開発研究所, 2002年。
中留武昭・田村知子『カリキュラムマネジメントが学校を変える―学校改善・単元開発・協働文化―』学事出版, 2004年。
中留武昭編『カリキュラムマネジメントの定着過程―教育課程行政の裁量とかかわって―』教育開発研究所, 2005年。
中留武昭・曽我悦子『カリキュラムマネジメントの新たな挑戦―総合的な学習における連関性と協働性に焦点をあてて―』教育開発研究所, 2015年。
(4) 田中統治「特色ある教育課程とカリキュラムマネジメントの展開」児島邦宏・天笠茂編『柔軟なカリキュラムの経営―学校の創意工夫―』ぎょうせい, 2001年, 35〜63頁。
田中統治編『確かな学力を育てるカリキュラム・マネジメント』教育開発研究所, 2005年。
(5) 田村知子「カリキュラムマネジメントのモデル開発」『日本教育工学会論文誌』vol.29,

2006年, 137～140頁。
田村知子編著『実践・カリキュラムマネジメント』ぎょうせい, 2011年。
田村知子・本間学「カリキュラムマネジメントの実践分析方法の開発と評価」日本カリキュラム学会編『カリキュラム研究』第23号, 2014年3月a, 43～55頁。
田村知子『カリキュラムマネジメント―学力向上へのアクションプラン―』(日本標準ブックレット) 日本標準, 2014年b。
(6) 臼井智美・末松裕基「カリキュラムマネジメントに関する教員研修プログラムの開発的研究」『大阪教育大学紀要 第IV部門 教育科学』第60巻第1号, 2011年, 33～48頁。
(7) 天笠茂編『学力を創るカリキュラム経営』ぎょうせい, 2011年。
天笠茂『カリキュラムを基盤とする学校経営』ぎょうせい, 2013年。
天笠茂「これからのカリキュラム・マネジメントの方向性」『中等教育資料』2016年4月号, 36～41頁。
(8) 山﨑保寿「高等学校における教育課程経営論の今日的課題に関する考察」『信州大学教育学部紀要』第103号, 2001年, 59～68頁。
山﨑保寿「教育課程経営」篠原清昭編『スクールマネジメント―新しい学校経営の方法と実践―』ミネルヴァ書房, 2006年, 176～193頁。
山﨑保寿『「社会に開かれた教育課程」のカリキュラム・マネジメント―学力向上を図る教育環境の構築―』学事出版, 2018年。
(9) 田村知子「カリキュラムマネジメントのモデル開発」『日本教育工学会論文誌』vol.29, 2005年, 137～140頁。
(10) 田村知子編著『実践・カリキュラムマネジメント』ぎょうせい, 2011年, 3～4頁。(田村が提示したカリキュラム・マネジメントの組織的・文化的構造については, HP等で見ることができるので, それを参照して頂きたい。)
(11) 同上書, 7～10頁。
(12) 牧昌見編著『改訂学校経営診断マニュアル―新しい手法の開発と効果的な使い方―』教育開発研究所, 2000年。
(13) 田村知子・本間学「カリキュラムマネジメントの実践分析方法の開発と評価」日本カリキュラム学会編『カリキュラム研究』第23号, 2014年3月, 43～55頁。
(14) 山﨑保寿「(書評)田村知子編著『実践・カリキュラムマネジメント』(ぎょうせい2011年)」『日本教育経営学会紀要』第55号, 2013年, 185～187頁。
(15) 宮下治「校内授業研修会におけるカリキュラムマネジメントの効果に関する実践研究」臨床教科教育学会編『臨床教科教育学会誌』第15(3)号, 2015年, 79～88頁。
(16) 阿部一也「カリキュラム・マネジメントによる学校改善に関する研究(高等学校)―高等学校の学校改善のための有効なストラテジーとして―」『神奈川県立総合教育センター研究集録』第26号, 2007年, 46～54頁。
(17) 辰巳哲子「体系的なキャリア教育がおこなわれるための条件―カリキュラムマネジメントの観点から―」リクルートワークス研究所編『Works Review』Vol.4, 2009年, 48～59頁。
辰巳哲子「キャリア教育の推進に影響を与えるカリキュラムマネジメント要素の検討―全国の中学校に対する調査分析結果から―」日本キャリア教育学会編『キャリア教育研究』31巻2号, 2013年, 37～44頁。
(18) 山﨑保寿「総合的な学習のカリキュラム開発の動向と課題―高等学校―」新井郁男編著『カリキュラム開発の促進条件に関する研究』教育開発研究所, 2012年, 83～98頁。

第 5 章

カリキュラム・マネジメントの各プロセス

　ここでは，カリキュラム・マネジメントが重視されるようになった動向を踏まえ，カリキュラム・マネジメントの各プロセスに焦点をあてる。カリキュラム・マネジメントの各プロセスを明らかにした上で，組織マネジメントの視点を含めて，カリキュラム・マネジメントを推進する際の要点と留意点，学力向上に関わる事項等について示すことにする。
　第1節では，学校経営のPDCAサイクルに基づき，カリキュラム・マネジメントの総体について説明する。
　第2節では，カリキュラム・マネジメントにおける各プロセスの内容を明らかにし，実践の要点と留意点を説明する。
　第3節では，カリキュラム・マネジメントのプロセスの中でも重要な位置を占めるカリキュラムの評価に焦点をあて，留意点と主要観点の具体例を示す。
　第4節では，カリキュラム・マネジメントを一層浸透させるために必要になる組織マネジメントの考え方を示し，カリキュラム・マネジメントの活性化とその方策を明らかにする。
　第5節では，カリキュラム・マネジメントを推進する際に，その重点目標の1つとして学力向上を視野に入れることが多いことから，学力向上に関わる施策の経緯について解説する。また，新学習指導要領が目指す学力についても確認する。

第1節 学校経営のサイクルとカリキュラム・マネジメント

　学校の教育活動や経営活動は，学校経営という大きな営みの中で行われる。カリキュラム・マネジメントも，大枠としての学校経営のサイクルの中で行われている。そこで，学校経営のサイクルとカリキュラム・マネジメントとの関係について説明する。

学校経営のサイクルとカリキュラム・マネジメント

　これまで，カリキュラム・マネジメントの大枠である学校経営をサイクルとして捉える方法が幾つか行われてきた。典型的な学校経営のサイクル（組織マネジメントサイクル）としては，Plan（計画）→ Do（実施）→ See（評価）で示されるPDS論をはじめ，Plan（計画）→ Do（実施）→ Check（評価）→ Action（更新）で示されるPDCA論，評価が起点であることを強調するCAPD論がある。また，Aim（目的）→ Plan（計画）→ Do（実施）→ See（評価）→ Improvement（改善）で示されるAPDSI論などがある。学校経営は，こうした学校全体の組織マネジメントサイクルで推進されている。

　これらのサイクルからも分かるように，カリキュラム・マネジメントの各段階に対応する領域としては，カリキュラムの開発，カリキュラムの編成，カリキュラムの実施，カリキュラムの評価などの領域がある。これらは，カリキュラムの指導組織を基盤にして，学校教育目標の達成を目指して進められる。ここで，カリキュラムの指導組織とは，教務部を中心として，学年・学級・教科等，校務分掌によって分担される学校組織の全体である。

カリキュラム・マネジメントの総体

　図5-1は，教育課程の指導組織を基盤としたカリキュラム・マネジメントの総体としてのPDCAサイクルを示したものである。

図5-1　カリキュラム・マネジメントのPDCAサイクル

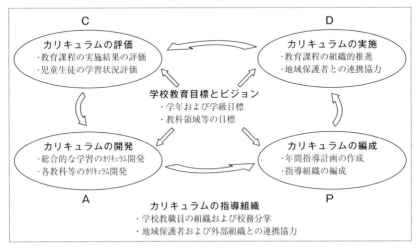

　ここで重要なことは，スクールリーダーが示すカリキュラム・マネジメントのビジョンを学校の教職員全体で共有し，特色ある教育活動を実現させていくことである。カリキュラム・マネジメントにあたっては，児童生徒や地域の実態と学校教育目標を反映するとともに，各教職員が主体的に取り組むための構想つまりビジョンが必要である。学校の特色化と地域保護者に対する責任を果たすためのビジョンがあってこそ，生きたカリキュラム・マネジメントとなるのである。そうした意味で，スクールリーダーが学校経営の基本として示すカリキュラム・マネジメントのビジョンを教職員全体が共有することが重要である。新学習指導要領によってカリキュラム・マネジメントを重視する方向性が打ち出されたことを踏まえると，今や，学校経営の中核はカリキュラム・マネジメントであるといっても過言ではない。以下，カリキュラム・マネジメントの各プロセスの特徴について段階を追って明らかにしていく。

第2節 カリキュラム・マネジメントの各プロセス

カリキュラム開発の段階

　カリキュラム・マネジメントの起点というべきカリキュラム開発の段階には，各教科におけるカリキュラム開発のほか，特別活動に関するカリキュラム開発，総合的な学習の時間に関するカリキュラム開発，また，「特別の教科　道徳」に関するカリキュラム開発などが含まれる。単元開発や教材開発なども基本的にここに含まれる。総合的な学習の時間に関するカリキュラム開発は，学校の特色化と密接につながるだけに，カリキュラム・マネジメントのPDCAサイクルにおいても重視されている。カリキュラム開発にあたっては，学校の教育目的及び目標を踏まえ，それらを具体化させる教育内容・方法と教材の開発をはじめ，評価方法の開発をも含めて行うことが重要である。

　つまり，カリキュラム開発の段階から，カリキュラムの評価を視野に入れておくことが，カリキュラム・マネジメントを有効に推進するための要点である。カリキュラムの評価は，具体的には表5-1（p.111）に示したような観点に基づいて行われる。カリキュラムの開発編成の段階から評価方法の開発をも視野に入れておくことが重要になる[1]。カリキュラム開発は，単なるカリキュラムの作成とは異なり，カリキュラム・マネジメントの考え方に立ち，計画，実施，評価の側面まで考慮した連続的で発展的なものでなくてはならない。

　ここで，用語に「開発」という言葉を使うことに注意を喚起したい。用語に開発という言葉を使うのは，より包括的で系統的な営みを意味する概念として，実践を通してカリキュラムの成否を絶えず検証し，有効なカリ

キュラム開発の手順や方法を明らかにするという理念を含んでいるからである[(2)]。教師が主体的かつ創造的に，学校や地域，児童生徒の実態を踏まえたカリキュラムを新たに創り上げるという意味が，開発という用語の中に含まれているのである。

カリキュラムの編成と実施の段階

　カリキュラムの編成の段階には，年間指導計画の作成，指導組織の編成，時間割・日課表の作成などがある。本来，カリキュラムの編成は，学習指導要領総則によって，「各学校においては，教育基本法及び学校教育法その他の法令並びにこの章以下に示すところに従い，児童の人間として調和のとれた育成を目指し，児童の心身の発達の段階や特性及び学校や地域の実態を十分考慮して，適切な教育課程を編成するものとし，これらに掲げる目標を達成するよう教育を行うものとする」（中学校・高校は「生徒」）とされている。カリキュラムの編成にあたっては，学校教育目標とカリキュラムの全体計画との有機的関連を図り，創意工夫に満ちたカリキュラムにより特色ある教育活動の展開を目指すことである。今日の状況において，カリキュラムの全体計画を作成する上で特に重要なポイントは，①学校教育目標を明確化し十分な年間指導時数を確保すること，②総合的な学習の時間と各教科等の関連付けを図ること，③学力向上に関する諸方策を各学校レベルで具体化することである。

　こうした点を踏まえれば，カリキュラムの実施の段階では，基盤となるカリキュラムの推進組織を中心として，地域・保護者との連携協力を図りながら学校教育目標の達成に向けて推進していくことが重要である。個々の児童生徒の学習に関する実態を十分に踏まえ，必要に応じて課題学習，補充的学習，発展的学習なども取り入れる。児童生徒の個に応じた指導と学力の育成を目指し，カリキュラム・マネジメントの重点目標としての学力向上に向けて，教師の組織的な指導を推進することが必要である。そして，保護者や地域住民との連携協力により，学校において幅広く豊かな教育活動を展開していかなければならない。

カリキュラムの評価の段階

　カリキュラムの評価の段階は，カリキュラムの編成・実施・評価の各状況に対する評価を行うことである。ここで，注意したいことは，カリキュラムの評価やその方法自体も評価の対象になることである。カリキュラムの評価やその方法自体も評価の対象になるのは，評価のマンネリ化を防ぎ，より良い評価方法を求めさらなる改善につなげるためである。カリキュラムの評価は，多くの場合，学校評価の一部として実施されているが，授業評価や児童生徒の学習状況の評価を含めて検討することが重要である。

　評価の主体は，基本的に学校の教職員であり，さらに，最近は学校評議員などの外部者がカリキュラムの評価に加わることが多くなっている。外部者が評価に加わる場合は，各項目の内容と表現を外部者に分かりやすいよう配慮し，客観性の高い評価資料にしていくことである。外部者の評価も含め，カリキュラムの評価では，特に，評価結果の活用と情報公開に関わる事項が重要である。学校を取り巻く情報公開の波の中で，カリキュラムの評価は学校が地域住民や周囲に対するアカウンタビリティ（説明責任と経営責任）を果たしていくことになるのである。

カリキュラムの評価の観点

　次に，カリキュラムの評価の観点は，学習指導要領が示す目標や学校教育目標を踏まえ，各教科の観点，学校の特色に応じた観点，教授・学習組織など学校経営的な観点などを基本として設定する。1998年（平成10）に改訂された学習指導要領が2002（平成14）年から全面実施された際に，児童生徒の学習評価が目標に準拠した評価（いわゆる絶対評価）に移行した。このことにより，児童生徒の学力状況がどのように変化しているかという点もカリキュラムの評価の重要な観点になったといえる。

　さらに，カリキュラムの実施状況や効果に対する教師の自由記述，児童生徒の自己評価や授業評価，保護者の感想などもカリキュラムの評価に取り入れることである。各学校においては，評価の観点，評価の方法，評価者，評価の時期などを適切に定め，カリキュラムの評価によって，カリキ

ュラムの改善が適切かつ継続的に行われるよう努めなければならない。カリキュラムの評価に関する主要観点の具体例については，表5-1 (p.111)のところで述べることにする。

第3節

カリキュラムの評価における留意点と主要観点の具体例

カリキュラム評価と評価の次元

　評価という用語からは，児童生徒の成績評価や学習状況の評価をイメージしがちであるが，カリキュラムの評価では，学校で実施しているカリキュラムの実施状況を評価の対象としている。特に，カリキュラムの評価に関しては，学校評価や学校経営評価[3]との関連が重要になる。学校経営全般を評価の対象とするのが，学校評価であり，多くの学校ではカリキュラムの評価は学校評価の一環として行われている。そこで，カリキュラムの評価に際する留意点の1つとして，学校で行われる評価の様相を，評価の次元という見方で整理しておこう。

　一般に教育評価には，評価する対象によって，学校におけるすべての経営活動や教育活動を評価する学校評価，カリキュラムの実施状況を評価するカリキュラム評価，児童生徒の学習状況を評価する学習評価の3つの次

図5-2　カリキュラム評価の次元

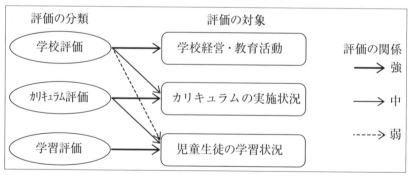

元がある。図5-2は，評価の分類と評価対象との関係を表したものである。重要なことは，各次元における評価の方法とその意義を明確に示し，学校全体で共通理解を図りつつ進めていくことである。

カリキュラム評価とアカウンタビリティ

　カリキュラムの評価を的確に行うことは，学校が地域住民や周囲に対するアカウンタビリティを果たしていく上で重要である。児童生徒の学習状況に対する評価方法として，目標に準拠した評価（いわゆる絶対評価）が導入されてから，カリキュラムの評価の重要性が一層増してきた。その契機となったのが，2000（平成12）年に発表された教育課程審議会答申「児童生徒の学習と教育課程の実施状況の評価の在り方について」（2000.12.4）である。

　カリキュラムの評価について，同答申は，「各学校が，児童生徒の学習状況や教育課程の実施状況等の自己点検・自己評価を行い，それに基づき，学校の教育課程や指導計画，指導方法等について絶えず見直しを行い改善を図ることは，学校の責務である」と述べて，各学校のカリキュラムに関する自己点検・自己評価の重要性を示している。そして，自己点検・自己評価の実施項目に関して，同答申は，「各学校が行う自己点検・自己評価の内容としては，教育課程の編成状況・実施状況，指導方法や指導体制の工夫改善の状況，児童生徒の学習状況等があるが，具体的な項目，方法等は，各学校や設置者が地域や学校の実態に応じて適切に工夫する必要がある」と述べ，カリキュラムの評価の具体的項目と方法については，学校の主体的な工夫に委ねている。

カリキュラムの評価の対象

　これらを踏まえれば，カリキュラムの評価の対象として次の5点が重要になる。すなわち，①各教科，道徳，特別活動及び総合的な学習の時間それぞれについての指導目標，指導計画，授業時数，評価の規準など具体的な教育課程の編成状況，②各教科等の授業時数や指導内容の実績など事実

としての教育課程の実施状況，③個別指導やグループ別指導，ティームティーチングなどの個に応じた指導や体験的な学習，問題解決的な学習，選択学習への取り組み状況，アクティブ・ラーニング（主体的・対話的で深い学び）の実施状況など指導方法や指導体制の工夫改善の状況，④年度当初の指導目標の実現状況，児童生徒の基礎・基本の習得状況など児童生徒の学習状況，⑤目標に準拠した評価の結果の状況や全国的な学力調査の結果との比較など学校全体としての児童生徒の学習状況，の5点である。これらは，カリキュラムの評価を行う場合に焦点を当てるべき評価対象であると同時に評価の観点につながるものである。

カリキュラムの評価における主要観点

　これら5点がカリキュラムの評価の対象及び観点として重要であることはもちろんであるが，さらに，次のような項目もカリキュラムの評価の観点として重要である。⑥総合的な学習の時間と各教科等との関連に関する観点，すなわち，教育課程の全体計画の中で総合的な学習の時間と各教科等の連携が図られ児童生徒の有意義な学習に結びついているかという教科横断的な観点である。⑦特色ある教育活動に関する観点，すなわち，教育課程の実施状況が全体として学校の特色化につながっているかという観点である。⑧地域との連携協力に関する観点，すなわち，地域の活力を生かした教育活動が行われ開かれた学校の実現が図られているかという観点である。

　以上の点を踏まえ，カリキュラムの評価を実施する場合の主要な観点の例をカリキュラム・マネジメントの各プロセスに応じて示したものが表5－1である。カリキュラム・マネジメントの各領域について，カリキュラムの開発，編成，実施，評価などの側面から評価するのである。各観点に関する具体的な評価項目を作成する場合，授業のカリキュラムについては担当教員が，学校のカリキュラム全体については各学校で，それぞれの実態に応じて有効な評価項目を工夫する必要があるだろう。

表5-1　カリキュラムの評価の主要観点の例

領域	評価の観点	留意点
カリキュラムの開発	1．総合的な学習のカリキュラム開発に学校全体が協力して取り組んだか。 2．児童生徒に有意義なカリキュラムが開発されているか。	外部関係者に評価してもらう場合は，各項目の内容を外部者に分かりやすいよう配慮し，理解しやすい表現を工夫する。
カリキュラムの編成	3．カリキュラムの編成は学校教育目標達成に有効なものになっているか。 4．児童生徒の学力向上に有効なカリキュラムが編成されているか。	
カリキュラムの実施	5．学校の特色化を図るために教職員全体で意欲的に取り組んでいるか。 6．学校の教育活動に対する地域の協力は十分に得られているか。 7．アクティブ・ラーニング導入の成果が上がっているか。	
カリキュラムの評価	8．カリキュラムの評価を行うことはカリキュラムの改善に役立っているか。 9．児童生徒の学習状況の評価は保護者へ十分な説明がなされているか。	
学年経営	1．1学年の教育課程について年間指導計画は適切であるか。 2．1学年の教育課程について教員の指導体制は十分であるか。 （他学年および各教科等も同様に評価する）	所属学年について回答するなどの配慮をする。
全体	a．本校の教育課程に関して気付いたことや次年度への提案を書く。 ［自由記述］	次年度への提案などを自由に書く。

第4節 カリキュラム・マネジメントの活性化とその方策

組織マネジメントの推進

　カリキュラム・マネジメントの各プロセスとその重要性は理解されたとしても，それだけでカリキュラム・マネジメントが浸透し活性化するわけではない。カリキュラム・マネジメントを推進するためには，学校の組織的な働きが必要である。ここでは，学校組織マネジメントの観点から，カリキュラム・マネジメントの活性化とその方策を示すことにする。

　カリキュラム・マネジメントを活性化させるためには，学校組織全体でカリキュラム・マネジメントにあたるという基本姿勢が重要である。カリキュラム・マネジメントは，校長・教頭などのスクールリーダーや教務主任のみが推進していくのではなく，学校組織全体が有機的かつ協働的にカリキュラム・マネジメントに参加してこそ大きな効果に結びつくものである。そのため，カリキュラム・マネジメントを推進するに際して学校全体としてカリキュラムに関する組織マネジメントの考え方が共有化されなければならない。個々の教員も，学校の組織成員として，自校の組織マネジメントに協力していく姿勢を持つことが重要になる。

組織マネジメントの主要事項

　カリキュラム・マネジメントに関する組織マネジメントの主要事項は，次の4つである。
①カリキュラム・マネジメントに関する基本姿勢の共有
　まず，学校が児童生徒や保護者，そして地域に果たすべき使命感と責任

感を第一にしながらも，学校組織全体でカリキュラム・マネジメントにあたるという基本姿勢を共有することである。そのためには，スクールリーダーとともに，学校組織全体が学校のミッション（社会的使命）[4]を自覚することが大切である。

②カリキュラム・マネジメントに関するビジョンの明確化

　スクールリーダーが示すカリキュラム・マネジメントに関する短期的及び長期的ビジョンに基づいて，カリキュラムの目標と計画に対する教職員の共通理解を高めることである。そのためには，学校が組織的に取り組む重点事項を明確に示すことが必要である。

③カリキュラム・マネジメントに関する人的・物的環境の検討改善

　スクールリーダーが示すカリキュラム・マネジメントに関わる校務分掌と人材配置に基づき，分掌組織がそれぞれの役割を果たし目的を達成することである。とりわけ，教頭及び各主任が，それぞれの連携強化を図らなければならない。そして，電子黒板，タブレットなどの学校設備の活用状況に関する現状把握と検討改善が肝要である。また，教職員の能力向上のための研修を積極的に活用し，若手人材の育成と指導が重要である。

④カリキュラム・マネジメントに関する地域との連携協力

　学校全体として，大局的見地に立ち教育委員会や外部機関との連携を円滑に推進することである。とりわけ，地域住民・保護者への的確な情報発信と情報収集は，地域における学校への信頼獲得につながるので重要である。

カリキュラム・マネジメントの構図

　こうした地域との連携協力を円滑化するには，その基本として，学校は，学校評価の公開[5]や教育活動に関する保護者説明会などを通じて，アカウンタビリティを果たさなければならない。そのために必要となる情報の公開が重要であり，必要な情報が公開されていないことによる信頼の喪失にも留意しなければならない。そうした意味でも，学校運営に関する危機管理（リスク・マネジメント）等に配慮することが肝要である。図5-3は，以上の主要事項を踏まえたカリキュラム・マネジメントの構図を示したものである。

図5-3 カリキュラム・マネジメントと学校経営ビジョンの構図

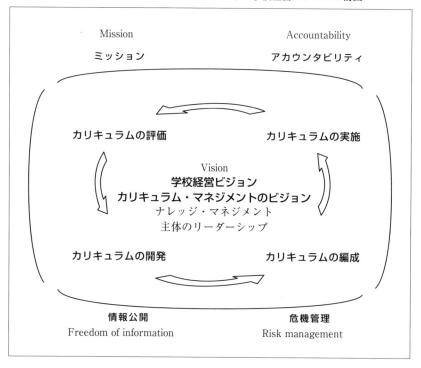

ナレッジ・マネジメントの考えを取り入れる

　カリキュラム・マネジメントの推進にあたっては，スクールリーダーが直接的に行う学校経営の場合以上に，担任をはじめ各学年部や分掌との連携と協力を密にして学校全体の共通歩調を基に進めなければならない。そのため，一部の教員の持っている情報知識を迅速に他の教員と共通理解を図り，一部の教員の課題意識を共有化する配慮が必要になる。
　このとき，重要になるのが，ナレッジ・マネジメント（Knowledge Management）の考え方である。ナレッジ・マネジメントとは，知識管理，または知識経営ともいわれる新しい経営手法の考え方である。その特徴は，個人が個別に持っている知識や経験的技術を学校組織内で共有し，より創造的な教育活動につなげる方法を創り上げることにある。あたかも，資金

と同じように，知識を運用し流通させていくことによって組織を充実発展させていこうとする考え方である。

ナレッジ・マネジメントの具体的活動

　学校におけるナレッジ・マネジメントの具体的活動としては，校内研修会や授業研究会を通して，授業者や観察者個々人が持っている知識を全体の知識として共有化して，学校組織の創造性を向上させていく方法であるといえば分かりやすい。共有可能となった知識は，再度個人の中で消化吸収され，新たな知識を受け入れるための土台，いわば「知識の受け皿」となるのである。これが，個人知と共有知の相互還元作用といわれるものである。ナレッジ・マネジメントは，意図的に「知識の受け皿」を広げていくことで組織の創造性を高める営みであるといえる。ナレッジ・マネジメントの考え方の基本は，個人が持っている有益な情報が埋没してしまわないように，組織全体で共有化を図り，情報を活用して組織を活性化していくことにある。

　日本の学校は，組織の一体感が強く，校内研修が計画的に行われており，ナレッジ・マネジメントに強いといわれる。ナレッジ・マネジメントは，知識の共有によって組織の人と人をつなぐことであり，ナレッジ・マネジメントは，カリキュラム・マネジメントにおいて今後注目されるべきリーダーシップタイプの１つであるといえる。

リーダーシップのタイプ

　この点について，リーダーシップの観点から少し補足しよう。一般に，リーダーシップのタイプには，リーダーの行動様式によって，Ｐ型（パフォーマンス重視，個性発揮型）とＭ型（メインテナンス重視，集団維持型）があると，従来からいわれている。これは，リーダーシップＰＭ論（Ｐ型とＭ型の強弱をそれぞれＰ・ｐ，Ｍ・ｍで表し，ＰＭ，Ｐｍ，ｐＭ，ｐｍの４タイプがあるとする説）に依拠した考え方である。この考え方は，リーダーの行動様式や性格特性に基づく分類であるだけに理解しやすいとい

える。しかし，リーダーシップのタイプは，リーダーが重視する文化様式やリーダーが率いる集団との関係の持ち方など，さらに詳細な観点から分類する必要がある。

最近のリーダーシップ研究によると，上記ＰＭ型分類のほかに，①集団意思形成タイプ（集団の意思形成を重視するタイプ：会議やミーティングを重視し，共通理解の上でリーダーシップを発揮するタイプ），②啓発タイプ（新しい知識や動向に明るく組織を啓発していくタイプ），③人事・権限重視タイプ（人事権をはじめ管理職としての権限行使を重視して部下をリードするタイプ），④学校文化のリーダーシップ（同僚性や意思決定の共有化を支援する組織文化を醸成することに力を注ぐタイプ）[6]などがあるといわれる。

また，本章で述べたナレッジ・マネジメント重視タイプは，組織成員の持つ知識を全体で共有する仕組みをつくり組織の創造性を高めていくタイプであり，いわば，①②④を合わせたタイプである。カリキュラム・マネジメントを推進する場合に重視したいのは，担任や各分掌組織との連携協力を密にしつつ学校全体の知識や教育技術を高めていくナレッジ・マネジメント重視型のリーダーシップである。

第5節 カリキュラム・マネジメントの重点目標としての学力向上に関わる施策の経緯

カリキュラム・マネジメントと学力向上

　カリキュラム・マネジメントの重要な目標の１つは，児童生徒の学力を育成することである。我が国の学力向上施策は，2003（平成15）年の学習指導要領一部改正による「確かな学力」の向上策以降，2008（平成20）年の学習指導要領改訂による学習内容と授業時数の増加につながってきた。さらに，コンテンツベースからコンピテンシーベースへの転換を図ろうとする新学習指導要領（小・中学校2017（平成29）年３月31日改訂，特別支援学校2017（平成29）年４月28日改訂，高等学校2018（平成30）年３月30日改訂）により，現在，学力問題は新たな局面を迎えている。

　各学校において，カリキュラム・マネジメントの目的を考える場合に，学力向上を度外視することはできないだろう。そこで，今日アクティブ・ラーニングとカリキュラム・マネジメントの連動的導入がされようとする前までの状況について，学力向上施策の背景と経緯を明らかにすることにする。

学力向上施策の経緯

　2002（平成14）年に文部科学省により「学びのすすめ」（2002.1.17）が発表され，2003（平成15）年に学習指導要領の一部改正（2003.12.26）が行われたことにより，全国的に学力向上を目指したカリキュラム編成が行われるようになってきた。「学びのすすめ」では，学力向上のための諸策として，基礎・基本の充実，朝の読書，習熟度別授業，補習，総合的な

学習の時間を活用した問題解決能力の各教科への還元などが提案され，その方向は学校教育の現場に影響を及ぼし今日に至っている。これらの提案をはじめとする学力向上の諸施策をどう実現するかが，各学校における大きな課題となってきた。

　第2章でも解説したように，これら学力向上施策の背景には，ゆとり教育の脱却を図った2003（平成15）年学習指導要領の一部改正をはじめ，OECD（経済協力開発機構）のPISA調査やIEA（国際教育到達度評価学会）のTIMSS調査による国際学力調査の結果が引き起こした学力低下批判がある。PISA調査は，「生徒の学習到達度調査」であり，実生活への応用力を重視した学力調査である。TIMSS調査は，「国際数学・理科教育動向調査」であり，数学・理科の基礎知識に関する学力調査である。両国際調査の結果において，我が国の学校における学力状況は，関心意欲の面も含めて必ずしも楽観できる状況ではなかったのである。

　こうした状況の中で，我が国における学力向上施策は，2003（平成15）年の学習指導要領一部改正により，「確かな学力」の育成という方向に焦点付けられてきた。「確かな学力」については，学習指導要領一部改正を方向付けた2003（平成15）年10月の中央教育審議会答申「初等中等教育における当面の教育課程及び指導の充実・改善方策について」（2003.10.7）により，「知識・技能に加え，自分で課題を見付け，自ら学び，主体的に判断し，行動し，よりよく問題を解決する資質や能力」であるとされている。同答申では，「確かな学力」「豊かな人間性」「健康・体力」の3つが［生きる力］の構成要素であるとされた。

「確かな学力」の向上を目指すための要点

　これらの経緯を考慮すれば，「確かな学力」の向上を目指すための要点は，次の4点にまとめることができる。①学習指導要領の基準性（ミニマムエッセンシャルズ）を踏まえた指導の一層の充実：すべての生徒に指導する内容等を確実に指導した上で，生徒の実態により，その他の内容を加えて指導することができること。②総合的な学習の時間の一層の充実：教育課程の全体計画の中で，各教科等の内容と総合的な学習の時間との相互関連

付けを図ること。③個に応じた指導の一層の充実：生徒の興味・関心等に応じた課題学習，補充的な学習，発展的な学習を取り入れ，個に応じた指導を一層充実させ，個性を生かす教育を進めること。④教育課程の実施状況に関する自己点検・自己評価：各学校が教育課程の実施状況について自己点検・自己評価を実施し，教育課程を適切に実施するために必要な指導時間を確保すること。

「確かな学力」の向上を目指すカリキュラム・マネジメント

さらに，「確かな学力」の向上のためのカリキュラム・マネジメントにおける具体的方策として，次の5点を加えることができる。⑤総合的な学習の時間と各教科等との関連的な教育課程を編成し，カリキュラムの評価を有効に機能させることよって教育課程を改善していく。⑥基礎・基本の徹底と考えさせる授業の組み合わせを図り，個に応じた指導を実施する。⑦授業研究を中心とした教師個人の授業力量向上を図り，教師の組織的指導を充実させる。⑧家庭や地域との協力・連携を深め，子どもの生活習慣全体の改善を進めることにより，「確かな学力」とともに「豊かな人間性」と「健康・体力」の向上を図る。⑨学力向上を推進する校内組織を充実させるとともに学習カウンセリング担当を設置し，学習相談の希望を持つ児童生徒に対し個別に指導する。

このような「確かな学力」の向上を目指した学力向上施策は，これまでの学習指導要領が目指す学力の基底を示してきたといえるだろう。以上のように，「確かな学力」の育成を目指し，カリキュラムの全体計画の中で指導することが，これまでの経緯を踏まえた学力向上施策の要点であるといえる。

新学習指導要領が目指す学力

2017（平成29）年改訂の学習指導要領が目指す学力については，総則において，学力の3要素を踏まえ，「基礎的・基本的な知識及び技能を確実に習得させ，これらを活用して課題を解決するために必要な思考力，判

断力，表現力等を育むとともに，主体的に学習に取り組む態度を養い，個性を生かし多様な人々との協働を促す教育の充実に努めること」とされている。これに加えて，「道徳教育や体験活動，多様な表現や鑑賞の活動等を通して，豊かな心や創造性の涵養(かん)を目指した教育の充実」，「学校における体育・健康に関する指導を，児童の発達の段階を考慮して，学校の教育活動全体を通じて適切に行うことにより，健康で安全な生活と豊かなスポーツライフの実現を目指した教育の充実に努めること」が示されている。これらを「主体的・対話的で深い学びの実現に向けた授業改善を通して，創意工夫を生かした特色ある教育活動を展開する」ことによって育んでいくこととされている。

カリキュラム・マネジメントの推進に関する実践の要点

　カリキュラム・マネジメントを効果的に推進するためには，組織マネジメントサイクルの考えを導入し，カリキュラムの開発・編成・実施・評価における各段階を組織的に推進するとともに，その内容と役割を明確にすることが重要である。その際重要になるのは，学校のミッション（社会的使命）を踏まえ，スクールリーダーが示すカリキュラム・マネジメントのビジョンを共有し，学校が組織的に教育活動を展開することである。児童生徒の学習状況と地域の実態を踏まえたカリキュラム・マネジメントのビジョンを共有することが大切である。

　カリキュラム・マネジメントの起点は，カリキュラムの開発であり，総合的な学習の時間に関するカリキュラムをはじめ各教科等のカリキュラムを各学校が自主的・主体的に開発編成することが重要である。カリキュラムの開発の段階からカリキュラムの評価を視野に入れておくことが，カリキュラム・マネジメントを有効に推進するためのポイントである。特に，カリキュラムの評価にあたっては，評価の対象と観点を明確化し，外部者の評価も取り入れて客観性の高い評価を行うことである。カリキュラムの改善につなげるために，カリキュラムの評価やその方法自体も評価の対象になる。カリキュラムの評価を適切に行うことによって，カリキュラムの改善を図るとともに，地域住民や保護者に対するアカウンタビリティを果

たしていくことである。

　カリキュラム・マネジメントを活性化するためには，組織成員のカリキュラム・マネジメント能力を向上させることである。そのために，①組織マネジメントの観点から校務分掌と人材配置を適切化する，②教育課程に関するマネジメント研修を取り入れ組織成員のカリキュラム・マネジメント能力の向上を図る，③カリキュラム・マネジメントに関するリーダーシップとしてナレッジ・マネジメントの考えに立つことが重要である。

　したがって，特色ある学校づくりとともに学力向上施策の動向を踏まえた取り組みをカリキュラムの全体計画の中に位置付け，カリキュラム・マネジメントに反映していくことが，今後における重点的な目標となる。

課題図書

- 陰山英男『本当の学力をつける本─学校でできること　家庭でできること─』文藝春秋，2002年
- マイケル・ポランニー（高橋勇夫訳）『暗黙知の次元』ちくま学芸文庫，2003年
- 野中郁次郎・紺野登『知識経営のすすめ─ナレッジマネジメントとその時代─』(ちくま新書，2013年
- 志水宏吉・前馬優策『福井県の学力・体力がトップクラスの秘密』中公新書ラクレ，2014年
- 田村知子・村川雅弘・吉冨芳正・西岡加名恵『カリキュラムマネジメント・ハンドブック』ぎょうせい，2016年
- 村川雅弘編『学力向上・授業改善・学校改革　カリマネ100の処方』教育開発研究所，2018年
- 田村学『「深い学び」を実現するカリキュラム・マネジメント』文溪堂，2019年

註

(1) 中留武昭・田村知子『カリキュラムマネジメントが学校を変える』学事出版, 2004年, 21頁。
(2) 学校をカリキュラム開発の場と考え, 教師の日常的な学習指導を基礎にカリキュラム開発を進める考え方を学校に基礎を置いたカリキュラム開発(SBCD)という。文部省が1974年に, OECD経済開発機構のCERI(教育研究革新センター)と共催で開いたカリキュラム開発に関する国際セミナーで, 学校に基礎を置くカリキュラム開発の考えが我が国に紹介された。(文部省『カリキュラム開発の課題―カリキュラム開発に関する国際セミナー報告書―』文部省大臣官房調査統計課, 1975年)
(3) 学校評価は, 学校の教育活動全般に対して, 教育目標の達成度, 教員の指導状況, 教育課程経営と年間計画, 教育活動の組織的推進状況, 児童生徒の学校生活と学習状況などの観点から評価することである。これに対して, 学校経営評価は, 学校評価の中でも学校経営の側面に重点を置き, 指導組織, 教育課程, 年間指導計画, 施設設備状況などを評価することである。学校評価においても学校経営評価においても, カリキュラムの評価は重要な位置を占めている。
(4) ミッションとは, 本来, 使命, 目的, 任務, 存在意義などの意味であるが, 最近では特に, 学校などの公的機関が, どのような社会的使命を果たすべきかを問う場合に使われる。教育課程経営の根底的課題として, 学校がステイクホルダー(地域住民等の利害関係者)に対して果たさなければならないミッション(社会的使命)をどのように教育内容へ具現化するかが学校経営の課題になり, 学校のグランドデザインなどに反映することが求められる。
(5) 学校評価に関しては, 学校教育法第42条で,「小学校は, 文部科学大臣の定めるところにより当該小学校の教育活動その他の学校運営の状況について評価を行い, その結果に基づき学校運営の改善を図るため必要な措置を講ずることにより, その教育水準の向上に努めなければならない」と規定され, 第43条で,「小学校は, 当該小学校に関する保護者及び地域住民その他の関係者の理解を深めるとともに, これらの者との連携及び協力の推進に資するため, 当該小学校の教育活動その他の学校運営の状況に関する情報を積極的に提供するものとする」とされている。
また, 学校教育法施行規則では, 第66条第1項で,「小学校は, 当該小学校の教育活動その他の学校運営の状況について, 自ら評価を行い, その結果を公表するものとする」と規定され, 第67条で,「小学校は, 前条第1項の規定による評価の結果を踏まえた当該小学校の児童の保護者その他の当該小学校の関係者(当該小学校の職員を除く。)による評価を行い, その結果を公表するよう努めるものとする」とされている。第68条では,「小学校は, 第66条第1項の規定による評価の結果及び前条の規定により評価を行つた場合はその結果を, 当該小学校の設置者に報告するものとする」と規定されている。
これらの規定は, 中学校, 高等学校等も同様である。
(6) T.E.デール・K.D.ピターソン(中留・加治左・八尾坂訳)『学校文化を創るスクールリーダー―学校改善をめざして―』風間書房, 2002年。

第 6 章

アクティブ・ラーニングの普及と実践の要点

　ここでは，新学習指導要領においてアクティブ・ラーニングとカリキュラム・マネジメントとが連動的に推進される動向を踏まえ，アクティブ・ラーニングの効果的導入に関する諸要素を扱う。アクティブ・ラーニングの定義を確認した上で，教育行政及び学校経営の視点から導入の経緯と動向を明らかにする。また，アクティブ・ラーニングを実践する際の要点について，事例をもとに学校経営的観点から説明する。

　第1節では，アクティブ・ラーニングの定義を確認し，大学教育から学校教育への導入に関する教育行政的経緯について解説する。

　第2節では，アクティブ・ラーニングを効果的に実施するための条件整備活動として，カリキュラム・マネジメントの必然性が高まっていることを説明する。

　第3節では，アクティブ・ラーニングとカリキュラム・マネジメントの連動に関する実践事例を取り上げ，効果的な導入のための要因を明らかにする。

第1節 アクティブ・ラーニングの定義と導入の教育行政的経緯

アクティブ・ラーニングの定義と大学教育

　当初，アクティブ・ラーニングは，いわゆる質的転換答申と呼ばれる中央教育審議会答申（2012.8.28）において，次のように，大学教育の在り方に対して求められてきたものである。すなわち，「アクティブ・ラーニング」とは，「教員による一方向的な講義形式の教育とは異なり，学修者の能動的な学修への参加を取り入れた教授・学習法の総称。学修者が能動的に学修することによって，認知的，倫理的，社会的能力，教養，知識，経験を含めた汎用的能力の育成を図る。発見学習，問題解決学習，体験学習，調査学習等が含まれるが，教室内でのグループ・ディスカッション，ディベート，グループ・ワーク等も有効なアクティブ・ラーニングの方法である」（「新たな未来を築くための大学教育の質的転換に向けて～生涯学び続け，主体的に考える力を育成する大学へ～」（中央教育審議会答申2012.8.28　用語集）とされている。これは，同答申で示されたアクティブ・ラーニングの定義でもある。同答申は，従来の知識詰め込み型の受動的な教育から能動的な学修への転換の必要性を指摘したものである。

能動的学修（アクティブ・ラーニング）への転換

　この中央教育審議会答申では，生涯にわたって学び続ける力や主体的に考える力を持った人材を育成するために，「従来のような知識の伝達・注入を中心とした授業から，教員と学生が意思疎通を図りつつ，一緒になって切磋琢磨し，相互に刺激を与えながら知的に成長する場を創り，学生が

主体的に問題を発見し解を見いだしていく能動的学修（アクティブ・ラーニング）への転換が必要である」と述べ，教員と学生双方向の授業，演習によって，学生の主体的な学修を促す学士課程教育を進めることを提言したものである。このように，今日におけるアクティブ・ラーニング重視の動向は，当初は大学における授業の在り方に対して求められてきたものである。当初，大学教育に求められたアクティブ・ラーニングとして，発見学習，問題解決学習，体験学習，調査学習，グループ・ディスカッション，ディベート，グループ・ワーク等の方法は，小・中・高等学校等の教育においても有効なものである。

学校教育とアクティブ・ラーニング

　アクティブ・ラーニングの波は，大学教育の基礎をなす小・中・高等学校の学校教育にも広がっていく。2017（平成29）年の学習指導要領改訂につながる流れとして，中央教育審議会への諮問「初等中等教育における教育課程の基準等の在り方について」(2014.11.20）が行われ，以降の審議が続けられた。その審議に大きく影響した出来事として，2015（平成27）年3月と7月にパリで行われた日本・OECD政策対話がある[1]。同政策対話では，2030年の社会に必要とされる資質能力として，PISA2015の協同問題解決能力およびPISA2018のグローバル・コンピテンス[2]で示された「グローバルコミュニケーション力」「文化横断的・相互的なものの考え方」「グローバルな思考」「多様性の尊重」「シチズンシップ」「地域的課題とグローバルな課題との相関」が挙げられた。それらの能力を育むため，主体的に深く学ぶアクティブ・ラーニングの必要性が指摘された。

　ここには，大学教育に求められた能動的学修への質的転換といった面に加えて，PISA調査の影響としてのグローバルな観点に立つ能力育成が，小・中・高等学校のすべての学校に求められていることをみることができる。アクティブ・ラーニングは，そうした能力育成を実現するための1つの方法であるといえる。文部科学省が，大学生・高校生対象の留学事業[3]を展開していることからも分かるように，グローバル・コンピテンスを柱としたグローバル人材の育成が大学教育・高校教育の課題となっている。こ

うしたことから，アクティブ・ラーニングが小・中・高等学校の学校教育で重要になっているのである

新学習指導要領とアクティブ・ラーニング

　このようなアクティブ・ラーニング導入の波は，新学習指導要領の具体的内容を想定した論点整理（2015.8.26）及び審議のまとめ案（2016.8.26教育課程部会）によって一層明確になっていく。論点整理では，新学習指導要領が目指す育成すべき資質・能力[4]を育むために，学びの量とともに質や深まりが重要であるとして，課題の発見・解決に向けた主体的・協働的な学びであるアクティブ・ラーニングを積極的に推進することとしている。

　そして，「主体的な学びの過程の実現に向かっているかどうか」という観点から，学習内容に対する子どもたちの関心・意欲・態度等を評価していくことが必要としている。審議のまとめ案においても，子どもたちが主体的に学習に取り組む場面を設定していくために，アクティブ・ラーニングの視点からの学習・指導方法の改善が欠かせないとしている。そのためには，学校全体でそうした学習に対する評価の改善や組織的に推進する体制の整備，すなわち組織的なカリキュラム評価が必要となる。

アクティブ・ラーニング導入の教育行政的な経緯

　以上のように，大学教育の質的転換が契機となったアクティブ・ラーニング導入の波は，日本・OECD政策対話により将来社会の在り方を踏まえた学校教育の方向を見据えて，新学習指導要領の具体的内容と学校体制の整備に関する論点整理（2015.8.26）及び審議のまとめ案（2016.8.26）という経緯により，学習指導要領の改訂によって小・中・高校教育へも要請されていく流れになっているのである。

　この流れは，高大接続改革にも連動する。中央教育審議会答申「新しい時代にふさわしい高大接続の実現に向けた高等学校教育，大学教育，大学入学者選抜の一体的改革について」（2014.12.22）では，高校教育と大学

図6-1 アクティブ・ラーニング導入の経緯

中央教育審議会答申「新たな未来を築くための大学教育の質的転換に向けて～生涯学び続け，主体的に考える力を育成する大学へ～」（2012.8.28）：大学教育のアクティブ・ラーニング重視を提言

中央教育審議会へ諮問「初等中等教育における教育課程の基準等の在り方について」（2014.11.20）
：将来の社会と学校教育の在り方を見据え新学習指導要領の内容と方向性について諮問

日本・OECD政策対話（2015年3月・7月）：アクティブ・ラーニングの重要性を指摘

中央教育審議会初等中等教育分科会教育課程企画特別部会　論点整理（2015.8.26）
：新学習指導要領の概略的内容と学校体制の整備，ALとCMの連動的導入を提言

中央教育審議会初等中等教育分科会教育課程企画特別部会　審議のまとめ案（2016.8.26）
：新学習指導要領の具体的内容と学校体制の整備，論点整理の内容を一層具体化

中央教育審議会答申「幼稚園，小学校，中学校，高等学校及び特別支援学校の学習指導要領等の改善及び必要な方策等について」（2016.12.21）：アクティブ・ラーニングの視点を強調

学習指導要領の改訂（小・中2017.3.31日，特支小・中2017.4.28，高2018.3.30，特支高2019.2.4）
：学力の3要素を軸にアクティブ・ラーニングを主体的・対話的で深い学びとして推進

入学者選抜に新テストを導入するとともに，アクティブ・ラーニングの飛躍的充実を図るとしている。

　以上に述べたアクティブ・ラーニング導入の経緯を整理したものが図6-1である。

　ここまでの経緯を踏まえれば，アクティブ・ラーニング導入の際の要素として，グローバル・コンピテンスの側面，学習の深化の側面が重要であり，それらがアクティブ・ラーニングの実践においてどのように反映され実現されているかが，今後の実践における評価の観点に関する課題として重要になるといえる。授業にアクティブ・ラーニングを取り入れた場合に，それが学習の深化にどのようにつながったかという視点を教師は持たなければならない。

第2節

アクティブ・ラーニングとカリキュラム・マネジメントの連動

アクティブ・ラーニングとカリキュラム・マネジメントの連動に関する経緯

　第5章で明らかにしたように，カリキュラム・マネジメントの考えは，2007（平成19）年からの全国学力・学習状況調査の開始と検証・改善サイクルの普及といった潮流に，2017（平成29）年からの学習指導要領改訂の動きが加わり，一層の広がりを見せている。特に，新学習指導要領では，主体的・対話的で深い学びであるアクティブ・ラーニングを進めるために，その条件整備を行うカリキュラム・マネジメントを連動的に推進することが目指されている。

　一方，アクティブ・ラーニングについては，新学習指導要領が目指す指導方法に関する重要なキーワードとなっており，その概念，方法を巡って様々な議論，実践，提案がなされている。アクティブ・ラーニングの導入に関する背景と経緯の詳細については後述するとして，まず，現状に至る経緯を簡潔に述べる。

　現在，アクティブ・ラーニングの導入は，新学習指導要領の主眼として関心が集まっている。しかも，新学習指導要領では，アクティブ・ラーニングがカリキュラム・マネジメントとの連動で捉えられ，それらの一体的導入が求められていることから，それらの連動をどう図るかが大きな実践的課題になっている。こうした動向の背景として，これまで提唱されたOECDのDeSeCoプログラム[5]によるキー・コンピテンシー[6]の概念がまず明確になり，そこからATC21sプロジェクト[7]による21世紀型スキル[8]への包括的な推移があり，さらに，新学習指導要領で重視されているコンテンツベースからコンピテンシーベースへの移行という動きにつ

ながっていったという経緯があったのである。

教育課程行政におけるアクティブ・ラーニングの動向

　こうしたアクティブ・ラーニング導入の経緯を本章の内容に即して捉えれば，アクティブ・ラーニングとカリキュラム・マネジメントとの連動が，教育課程行政においてどのように扱われてきたかが重要になる。アクティブ・ラーニングとカリキュラム・マネジメントの連動については，本章1節で示した経緯の前後に下記のような諮問・報告で示されている。

　まず，論点整理の発端となった中央教育審議会への諮問「初等中等教育における教育課程の基準等の在り方について」（2014.11.20）において，アクティブ・ラーニングの今日的重要性が次のように述べられている。すなわち，「知識の伝達だけに偏らず，学ぶことと社会とのつながりをより意識した教育を行い，子供たちがそうした教育のプロセスを通じて，基礎的な知識・技能を習得するとともに，実社会や実生活の中でそれらを活用しながら，自ら課題を発見し，その解決に向けて主体的・協働的に探究し，学びの成果等を表現し，更に実践に生かしていけるようにすることが重要」としている。これは，知識を活用する主体的で協働的な学びとしてのアクティブ・ラーニングを導入し，その成果を把握し評価するにあたって，「学習指導要領等の理念を実現するための，各学校におけるカリキュラム・マネジメントや，学習・指導方法及び評価方法の改善を支援する方策」が必要という趣旨である。

アクティブ・ラーニングと学習評価の改善

　以上の動向の背景として，知識の活用，課題の発見と解決及び主体的・協働的な探究という観点に立ち，国立教育政策研究所のプロジェクト研究では，次の点を挙げ，アクティブ・ラーニングとカリキュラム・マネジメントの連動的導入に言及している[9]。すなわち，「どのように学ぶか」という学びの質や深まりを重視した学び方，課題の発見と解決に向けて主体的・協働的に学ぶ学習としての「アクティブ・ラーニング」の具体化，学

びの成果として「どのような力が身に付いたか」に関する学習評価の在り方，学習指導要領等の理念を実現するための各学校におけるカリキュラム・マネジメント，学習・指導方法及び評価方法の改善を支援する方策の充実などである。

　これらは，アクティブ・ラーニングの導入に対応したカリキュラム・マネジメントを有効化することにより，学習・指導方法及び評価方法の改善を図ることが，学校教育の主要な方向になっていることを示している。特に，アクティブ・ラーニングを取り入れる際には，学習評価方法の改善が重要な課題になる。学習評価方法としては，オーセンティック（真正）な学びを評価する方法が重要になっており，思考力・判断力・表現力を評価するためのパフォーマンス評価，ルーブリックを利用した評価などが取り入れられている。

アクティブ・ラーニングの条件整備活動としてのカリキュラム・マネジメント

　論点整理（2015.8.26）では結論的に，「次期改訂に向けて提起された『アクティブ・ラーニング』と『カリキュラム・マネジメント』は，授業改善や組織運営の改善など，学校の全体的な改善を行うための鍵となる二つの重要な概念として位置付けられる」として，アクティブ・ラーニングとカリキュラム・マネジメントの相互の連動を図り，機能させることの必要性を示している。そのために，「教育課程を核に，授業改善及び組織運営の改善に一体的・全体的に迫ることのできる組織文化の形成を図り，『アクティブ・ラーニング』と『カリキュラム・マネジメント』を連動させた学校経営の展開が，それぞれの学校や地域の実態を基に展開されることが求められる」と述べ，アクティブ・ラーニングとカリキュラム・マネジメントの連動的推進が肝要であることを示したのである。

　この点は，審議のまとめ案（2016.8.26）も同様であり，新学習指導要領に向けて提起されたアクティブ・ラーニングは，カリキュラム・マネジメントと連動して推進することが強調されているのである。アクティブ・ラーニングを効果的に実施するための条件整備活動として，カリキュラム・マネジメントの必然性が高まっているといえる。

学習促進的評価の重要性

　このように，アクティブ・ラーニング導入に際するカリキュラム・マネジメントとの連動性を踏まえれば，アクティブ・ラーニングに関するカリキュラム評価とともに，アクティブ・ラーニングを取り入れた学習の中でその学習を推進していくための学習者による自己評価や相互評価が重要な課題になるといえる。これは，筆者が主張してきた学習促進的評価[10]の側面が，アクティブ・ラーニングを取り入れた学習の中で重要になっていると捉えることができる。

　学習促進的評価とは，学習評価に関する学習を事前に行った上で，児童生徒が学習のポートフォリオを活用して，学習の区切り（ステップ）毎に自己評価や相互評価を行って，自分自身で学習を整理し次の段階の学習を計画したりコントロールしたりしていく評価の仕組みである。アクティブ・ラーニングとカリキュラム・マネジメントの連動的導入に際しては，児童生徒の学習促進的評価を併行して取り入れることが重要になる。

図6－2　児童生徒が行う学習促進的評価と教員が行うカリキュラム評価の関係

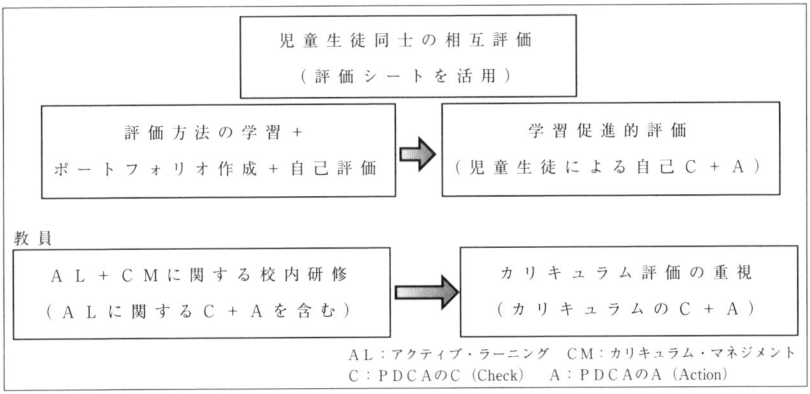

```
        ┌─────────────────────┐
        │  児童生徒同士の相互評価  │
        │  （評価シートを活用）   │
        └─────────────────────┘
  ┌──────────────────┐      ┌──────────────────┐
  │  評価方法の学習＋   │  ⇒  │   学習促進的評価    │
  │ポートフォリオ作成＋自己評価│      │（児童生徒による自己C＋A）│
  └──────────────────┘      └──────────────────┘
教員
  ┌──────────────────┐      ┌──────────────────┐
  │  AL＋CMに関する校内研修 │  ⇒  │ カリキュラム評価の重視 │
  │ （ALに関するC＋Aを含む） │      │ （カリキュラムのC＋A） │
  └──────────────────┘      └──────────────────┘
```

　　　　　　　　　　　AL：アクティブ・ラーニング　CM：カリキュラム・マネジメント
　　　　　　　　　　　C：PDCAのC（Check）　A：PDCAのA（Action）

　また，表6－1は，学習促進的評価について，その要点を従来の指導的評価と支援的評価との違いが分かるように示したものである。アクティブ・ラーニングの推進にあたっては，校内研修をカリキュラム・マネジメントの一環として組み込むことが鍵であるといえる。

表6-1 アクティブ・ラーニングを推進させる学習促進的評価とその特徴

分類	指導的評価 ▶	支援的評価 ▶	学習促進的評価
評価の目的	・到達度の評価 ・知識・理解の評価	・学習状況の評価 ・関心・意欲・態度の評価	・児童生徒の学習自体を促進 ・学習を自己コントロールするための評価（ALの自己推進）
評価の考え方	・学力の測定 ・学習成果の評価と判定 ・知識・理解の重視 ・内容知の獲得の判定 ・量的評価	・指導と評価の一体化 ・学習の問題点・課題の発見 ・関心・意欲・態度の重視 ・観点別学習状況の評価 ・質的評価	アクティブ・ラーニングにおける ・学習と評価の一体化 ・メタ認知能力の育成 ・自己システム思考能力の育成 ・方法知の獲得を重視 ・質的評価とフィードバック
評価の方法例	・試験，評定 ・判定的方法 ・絶対評価・相対評価	・カルテ，座席表評価 ・多角的・多面的評価 ・形成的評価	・自己評価・相互評価 ・ポートフォリオ自己評価 ・評価方法の学習
評価の場面	・試験・面接	・授業中 ・観察	・授業中，各ステップの節目 ・中間発表時，最終発表時

第3節

アクティブ・ラーニングとカリキュラム・マネジメントの連動に関する実践事例

　現在，小学校・中学校では，アクティブ・ラーニングの導入が急速に広まっている。第3章第3節で，「総合的な学習の時間」の事例として示したI小学校，S中学校における実践[11]は，「総合的な学習の時間」で学習した内容が教科の内容と関連したり，発展したりしている。

　高等学校でも，アクティブ・ラーニングの導入が広まっているが，有効な学習モデルについては，模索状態でもある[12]。ここでは，2つの高等学校に関する事例を考察し，校内研修やカリキュラム・マネジメントを伴った形でアクティブ・ラーニングを推進するために有効となる要因を明らかにする。1つめの事例は，第3章第3節で示したM高等学校における実践である。2つめの事例は，次に示すA高等学校におけるアクティブ・ラーニングの実践である。

A高等学校におけるアクティブ・ラーニングの実践

　A高等学校は，S県H市に1906（明治39）年に開設された旧制高等女学校の伝統をもつ私立女子中・高等学校である。2016（平成28）年で110年の歴史をもち，現在は各学年4学級の中高一貫女子校である。A高等学校では，アクティブ・ラーニングの導入を積極的に進めるとともに，授業改善に関する校内研修に力を入れている[13]。

　A高等学校では，年2回授業研究会と校内研修会を開催している。授業研究会では，アクティブ・ラーニングを取り入れた2科目の研究授業を行い，授業の検討会を実施している。校内研修の一環として行った授業研究会について，校長は，同日の校長ブログに次のような内容を書いている。

すなわち，①2つの授業の共通点は生徒たちが能動的に学ぶことを目標にしたアクティブ・ラーニングの取り組みであること，②アクティブ・ラーニングの具体的方法として，協同学習，パネルディスカッション，アクティブリーディングなどを取り入れた授業を展開したこと，③生徒たちが能動的に学んでいくことは「生きる力」の育成につながること，④校内研修をカリキュラム・マネジメントの中軸としてアクティブ・ラーニングの効果的導入を全校的に研究していくこと，である。アクティブ・ラーニングを学校全体で推進していくためには，授業研究会や校内研修と組み合わせていくことが有効な方法である。

効果的な連動的導入に関する要因―校内研修との組み合わせと必然性

M高等学校とA高等学校の2つの事例を考察すると，カリキュラム・マネジメントとアクティブ・ラーニングの連動に関して，学校経営上及び生徒への教育成果の面での効果的な導入につながる幾つかの要因が浮かび上がる。それを本章の結論として4つ提示する。

1つめは，アクティブ・ラーニングを導入する際には，授業研究会ないしは校内研修を組み合わせる等の配慮が必要なことである。それによって，校内研修がアクティブ・ラーニングを取り入れたカリキュラムの推進に関する調整機能，すなわち，カリキュラム・マネジメントの機能を果たすことになり，アクティブ・ラーニングとカリキュラム・マネジメントの連動的かつ効果的な導入が進むのである。したがって，教育方法としてのアクティブ・ラーニングを効果的に進める学校経営の重要な要素が校内研修との組み合わせであるといえる。

2つめは，カリキュラム・マネジメントとアクティブ・ラーニングの連動的導入に関する必然性を高めることである。A高等学校では私学として必要な学校の特色化を図るために全校的な校内研修と授業改善に乗り出したこと，M高等学校ではM町の地域活性化に果たすM高等学校への期待の高まりと18歳選挙権の導入時期が重なり地域連携・地域貢献の学校経営方針があったことである。これらの要因が，カリキュラム・マネジメントとアクティブ・ラーニングの連動的導入の必然性を高め，導入を促進した

といえる。2018（平成30）年改訂の高等学校学習指導要領では、「総合的な探求の時間」をはじめ、探求的な見方・考え方を重視する方向性が強まっている[14]。両校の実践は、教科横断的に実施した「総合的な探求の時間」としても参考になるものである。

効果的な連動的導入に関する要因―時代の変化への対応と教科横断的な指導

　3つめは，時代の変化に対応した新しさが，カリキュラム・マネジメントとアクティブ・ラーニングの連動的導入に関する教員の関心と意欲を高めることである。A高等学校では，アクティブ・ラーニングの一環として，OST（オープン・スペース・テクノロジー）の導入，グループウェアの利用，ルーブリックの活用，協同学習，パネルディスカッション，アクティブリーディングなどの新しい取り組みを積極的に行っている。また，M高等学校では，地域調査，町職員による出前講座，模擬請願などの活動を取り入れている。こうした斬新な方法を取り入れたことが，教員の意欲を高め，カリキュラム・マネジメントとアクティブ・ラーニングの連動的導入を促進したといえる。

　そして4つめは，教科と特別活動や「総合的な学習の時間」などとの横断的な学習が工夫されていることである。A高等学校では，国語科で実施したパネルディスカッションが特別活動の学校行事と関連付けて行われている。M高等学校では，科目「現代社会」と「総合的な学習の時間」とを組み合わせたり，町職員の出前講座や模擬請願などの地域連携活動が行われたりしている。こうした横断的な学習や地域連携活動がアクティブ・ラーニングの実践に関する効果を上げるとともに，カリキュラムの条件整備活動を伴う形でカリキュラム・マネジメントを機能させていくといえる。

　図6－3は，以上の考察から得られたアクティブ・ラーニングとカリキュラム・マネジメントの連動的導入を図るための条件を示したものである。

図6-3 アクティブ・ラーニング（AL）とカリキュラム・マネジメント（CM）の連動を図る条件

ALとCMをテーマにした授業研究会・校内研修を組み合わせる
（学校の教員全体の基礎知識・理解を高め，授業方法を学ぶ）

ALとCMの連動的導入に関する必然性を高める
（学校の特色化，教員の力量向上，地域活性化，主権者教育への対応）
（学校の教員全体の基礎知識・理解を高め，授業方法を学ぶ）

時代の変化に対応した新しい教育方法の導入
（グループウェア利用，ルーブリックの活用，協同学習，模擬請願など）
：学校の特色化，教員の力量向上，地域活性化，主権者教育への対応
（学校の教員全体の基礎知識・理解を高め，授業方法を学ぶ）

教科と特別活動・総合的な学習の時間との横断的な学習
（「国語科」と特別活動，「現代社会」と総合的な学習の時間など）
：学校の特色化，教員の力量向上，地域活性化，主権者教育への対応
（学校の教員全体の基礎知識・理解を高め，授業方法を学ぶ）

 課題図書

- 石井英真『今求められる学力と学びとは―コンピテンシー・ベースのカリキュラムの光と影―』日本標準ブックレット，2015年
- 齋藤孝『新しい学力』岩波新書，2016年
- 教育課程研究会編『「アクティブ・ラーニング」を考える』東洋館出版社，2016年
- 松下佳代・石井英真編（溝上慎一 監修）『アクティブラーニングの評価』東信堂，2016年
- 小林昭文『アクティブラーニング入門2』産業能率大学出版部，2017年
- 小針誠『アクティブラーニング―学校教育の理想と現実―』講談社現代新書，2018年
- 溝上慎一『アクティブラーニング型授業の基本形と生徒の身体性』東信堂，2018年
- 池上彰・佐藤優『教育激変―2020年，大学入試と学習指導要領大改革のゆくえ―』中公新書ラクレ，2019年

註

(1) 文部科学大臣補佐官鈴木寛「2030年に向けた教育の在り方に関する第1回日本・OECD政策対話（報告）」2015.3.11（教育課程企画特別部会資料, 2015.3.11),「2030年に向けた教育の在り方に関する第2回日本・OECD政策対話（報告）」2015.7.22（教育課程企画特別部会参考資料, 2015.7.22）。

(2) グローバル・コンピテンスとは，国際的な場で必要となる資質・能力を意味する。特に，PISA2018が示したグローバル・コンピテンスは，「グローバルコミュニケーション力」「文化横断的・相互的なものの考え方」「グローバルな思考」「多様性の尊重」「シチズンシップ」「地域的課題とグローバルな課題との関係判断」を行う力などである。それらに必要な能力を育むため，主体的に深く学ぶアクティブ・ラーニングが重要になる。こうした力を測ることが，PISA2018の調査で考慮されている。

(3) 文部科学省は，意欲と能力ある若者が海外留学に一歩を踏み出す気運を醸成することを目的として，2013（平成25）年10月より留学促進キャンペーン「トビタテ！留学JAPAN」を開始している。その一環として，文部科学省と独立行政法人日本学生支援機構及び民間企業との協働による海外留学支援制度「官民協働海外留学支援制度～トビタテ！留学JAPAN日本代表プログラム～」（大学等コース及び高校生コースなどが実施されている。

(4) 学校教育法第30条第2項に示された「学力の3要素」を根幹として，論点整理（2015.8.26）では，①個別の知識・技能，②思考力・判断力・表現力等，③学びに向かう力，人間性等を次期学習指導要領によって育成すべき資質・能力の柱としている。

(5) DeSeCoプログラムとは，OECD（経済協力開発機構）が1997年から2003年まで遂行した研究開発プロジェクトである。DeSeCo（デセコ）は，Definition and Selection of Competencies: Theoretical and Conceptual Foundationsの略。多様化し複雑化した現代社会を生きるために要求されるキー・コンピテンシーを，国際的，学際的に研究し明らかにするために組織的な研究が行われた。

(6) キー・コンピテンシーは，OECDによるPISA調査の概念的な枠組みである。PISA調査は，「単なる知識や技能だけではなく，技能や態度を含む様々な心理的・社会的なリソースを活用して，特定の文脈の中で複雑な課題に対応することができる力」を調べることを目的とした国際調査である。それらの力は，①社会・文化的，技術的ツールを相互作用的に活用する力，②多様な社会グループにおける人間関係形成能力，③自立的に行動する能力，という3つのカテゴリーで構成されており，これをキー・コンピテンシーという。

(7) こうしたキー・コンピテンシーの育成は，現在，国際的な動向として重要視されているところであり，我が国の中央教育審議会答申「幼稚園，小学校，中学校，高等学校及び特別支援学校の学習指導要領等の改善について」（2008.1.17）では，「知識基盤社会」の時代を担う子どもたちに必要な能力として，OECD（経済協力開発機構）が明らかにした主要能力（キー・コンピテンシー）について言及し重視している。キー・コンピテンシーは，2008（平成20）年改訂の学習指導要領以降，学校教育の展開においても重要な実践課題になっている。

(8) ATC21sプロジェクトは，シスコシステムズ，インテル，マイクロソフトなど米国IT企業がスポンサーとなり，2009年から遂行された「21世紀型スキル」を明確化するプロジェクトである。Assessment and Teaching of Twenty-First Century Skills Project（21世紀型スキルの学びと評価プロジェクト）の略。「21世紀型スキル」として，思考の方法（Ways of Thinking），仕事の方法（Ways of Working），仕事のツール（Tools for Working），社会生活（Skills for Living in the world）の4領域からなる10スキルを明

らかにした。
⑼ OECDによるキー・コンピテンシーの提唱は2003(平成15)年頃から、そして、ATC21sプロジェクトの21世紀型スキルは2011(平成23)年頃から、我が国に紹介されてきた。筆者は、21世紀型スキルとの関連を視野に入れて、21世紀型学力像に関する考察を下記論文で行っている。山﨑保寿「青少年の自尊感情の成立・向上に関する基本構造―21世紀型学力像析出のために―」日本学校教育学会紀要『学校教育研究』第28号、2013年7月、20～32頁。
⑽ 国立教育政策研究所平成26年度プロジェクト研究調査研究報告書(研究代表者髙口努)『資質・能力を育成する教育課程の在り方に関する研究報告書1―使って育てて21世紀を生き抜くための資質・能力―』2015年3月。
⑾ 山﨑保寿・瀬端淳一郎「学習促進的評価に基づくルーブリックの活用に関する研究」信州大学教育学部附属教育実践総合センター紀要『教育実践研究』No4、2003年、9～18頁。
山﨑保寿「学習促進的評価の方法に関する考察―総合的な学習の時間における評価方法の考え方―」『信州大学教育学紀要』第104号、2001年、13～22頁。
これらの実践を行ったI小学校のJ教諭、S中学校のK教諭は、大学院に現職派遣された際に、筆者が指導教員として研究指導を行っている。
⑿ 2015(平成27)年に実施されたアクティブ・ラーニングに関する全国調査について、高等学校2414校の回答では、アクティブ・ラーニングの視点に立った参加型授業の実施状況は、国語及び外国語では50％以上、地歴・公民及び理科では40％以上であるのに対して、数学では26％であった(中原淳・日本教育研究イノベーションセンター「高等学校におけるアクティブラーニングの視点に立った参加型授業に関する実態調査 2015 第一報告書」2015)。
⒀ 筆者は、2014(平成26)年から2018(平成30)年度まで、A高校の校内研修に関わる研究顧問として同校に関わっている。
⒁ 総合的な探求の時間の目標は、「探究の見方・考え方を働かせ、横断的・総合的な学習を行うことを通して、自己の在り方生き方を考えながら、よりよく課題を発見し解決していくための資質・能力を次のとおり育成することを目指す」ことである。また、村川雅弘は、1998(平成10)年改訂の学習指導要領における総合的な学習の時間の創設から2017(平成29)年改訂までの経緯を追い、「探求的な見方・考え方」が強まっていることを指摘している(村川雅弘「総合的な学習とカリキュラム」日本カリキュラム学会編『現代カリキュラム研究の動向と展望』教育出版、2019年、50～57頁)。

第7章
「社会に開かれた教育課程」を実現する教育環境

　新学習指導要領の理念として,「社会に開かれた教育課程」の実現が掲げられている。「社会に開かれた教育課程」という言葉は,今回の新学習指導要領で初めて使われたものである。この言葉は,従来の「開かれた学校づくり」と用語的に類似することから,「開かれた学校づくり」と「社会に開かれた教育課程」の考えとはどのように異なるのか明確にする必要がある。
　第1節では,新学習指導要領を踏まえ,「社会に開かれた教育課程」の理念を確認し,我が国が直面している人口減少の問題など,「社会に開かれた教育課程」の考えが打ち出された背景を説明する。
　第2節では,カリキュラム・マネジメントの視点から「社会に開かれた教育課程」の条件を捉え,カリキュラム・マネジメントのPDCAサイクルにその条件を位置付ける。
　第3節は,「社会に開かれた教育課程」の考えと「開かれた学校づくり」との関係及び両者の異同を明らかにする。
　第4節では,「社会に開かれた教育課程」を実現するためのカリキュラム・マネジメントの在り方を考究し,地域の人材育成に関わる今後の展望を示す。

第1節

「社会に開かれた教育課程」の理念とその背景

現代社会における教育課題と学習指導要領の改訂

　我が国では，国際化，高度情報通信化，少子高齢化，産業構造の変化等がかつてない速さで進んでいる。急激に進展するグローバル化の時代にあって，世界の状況を視野に入れつつ，社会や地域の課題を主体的に解決していくことが社会全体で必要とされている。とりわけ，学校教育においては，児童生徒に将来の社会を担い，主体的に課題を解決し，周囲とのコミュニケーションを図り新たな社会を創っていく資質・能力を育てることが大きな課題になっている。21世紀型スキル，キー・コンピテンシー，社会人基礎力などの育成が強調されているように，社会の課題を主体的に解決し，変化に対応しつつ持続可能な新しい社会を創出していく力を育てることが求められている。

　こうした中，小・中学校の学習指導要領が2017（平成29）年3月に，高等学校の学習指導要領が2018（平成30）年3月に改訂され，特別支援学校についても同様に改訂された。今回の改訂で明確化された理念の1つに，学校の教育課程と社会との関係に踏み込んだ「社会に開かれた教育課程」の考えがある。新学習指導要領のキーワードである「社会に開かれた教育課程」の考えは，児童生徒に将来必要となる力の育成を地域社会との連携及び協働を通じて実現していくことを目指すものである。

「社会に開かれた教育課程」の背景にある3つの要因

　新学習指導要領が目指す「社会に開かれた教育課程」の理念は，学校と

地域が，教育活動の協働，教育目標の共有，成果の点検と評価，地域還元など，一層緊密な関係を築こうとするものである。新学習指導要領では，「社会に開かれた教育課程」の実現を目指す場合の学校経営的要点として，カリキュラム・マネジメントを教育活動の要に位置付けることによって推進していくことを趣旨としている。

現在，「社会に開かれた教育課程」が目指される背景をマクロな要因から整理すると，①社会全体の傾向としての「予測困難な時代」の到来，②将来推計としての人口減少社会への長期的対応，③学校を中心とした社会総がかりの対応の必要性，の３つがあると考えられる。

「予測困難な時代」の到来

2017（平成29）年３月（高等学校は2018（平成30）年３月）に改訂された新学習指導要領が目指す方向は，次の改訂が想定される2030（令和12）年頃までだけでなく，さらにその先の社会の変化を見据えながら，将来の社会に生きる児童生徒に必要な力を養うことである。今後における我が国の社会には，AI（Artificial Intelligence：人工知能）をはじめとした産業及び科学技術の高度な進化，少子高齢化及び人口減少などの人口問題，国際関係の複雑化とグローバル化の一層の進展など，これまでにない激しく急速な変化が訪れると予想されている[1]。このような変化を特徴付ける言葉は，不透明で将来の予測が困難，すなわち「予測困難な時代」の到来である。

「予測困難な時代」とは，産業技術の進歩が急速であるだけでなく，国際化やグローバル化の進展とともに人々の価値観が多様化し，問題解決の複雑さや困難さが格段に増した状況を迎えているということである。また，社会のあらゆるところでAI等の電子技術が応用されていくため社会的変化の見通しが立ちにくい。さらに，我が国の人口減少問題が今後ますます深刻化していくため，社会形態の維持に関するこれまでの方法や通念を適用することが困難になる，といったことによって特徴付けられる社会である。学校教育においては，このような「予測困難な時代」の到来という社会の変化を見据えながら，将来の社会に生きる児童生徒に必要な力を養う

ことが必要になる。

「隠れた教育問題」としての人口減少問題

　我が国における人口減少問題は、学校教育に対しても深刻な問題を投げかけている。児童生徒数の減少による学校の再編統合、地域における伝統文化の拠点となってきた学校の消滅など、切実な問題に直面している自治体も多い。人口減少問題は、学校が教育的に解決できる問題とは異なり、学校の存立基盤そのものを脅かすものであり、いわば「隠れた教育問題」[(2)]といえる。

　我が国の将来人口については、関係省庁がこれまでの人口変動と出生率等に基づいた推計により予測している。図7－1は、国土交通省国土計画局が、総務省の「国勢調査報告書」及び「人口推計年報」、国立社会保障・人口問題研究所の「日本の将来推計人口」、国土庁の「日本列島における人口分布の長期時系列分析」等に基づいて作成したグラフである。

図7－1　我が国の人口変動及び人口予測（国土交通省、矢印部分と説明を筆者が補足）

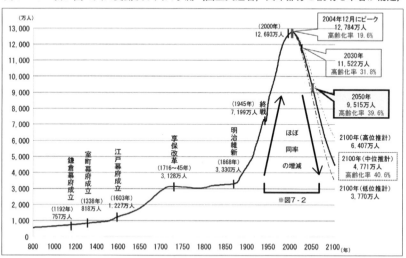

（出典）総務省「国勢調査報告」、同「人口推計年報」、同「平成12年及び17年国勢調査結果による補間推計人口」、国立社会保障・人口問題研究所「日本の将来推計人口（平成18年12月推計）」、国土庁「日本列島における人口分布の長期時系列分析」（1974年）をもとに、国土交通省国土計画局作成

図7-2 我が国の将来人口予測（厚生労働省，矢印部分と説明を筆者が補足）

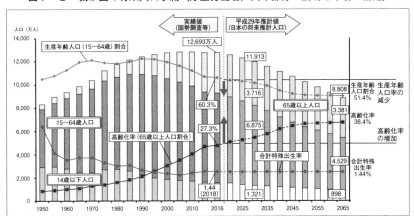

　図7-1から分かるように，我が国の総人口は，2004（平成16）年12月の12,784万人をピークに，明治維新以降の人口増加率と同程度の減少率で今後減少していくと予想されている。人口が増加の一途をたどってきた我が国にとって，このように急激な人口減少はこれまで経験したことがない大きな変化である。さらに，図7-1の1950年から2065年までの部分を図7-2に対応させると，その変化をより詳細に読み取ることができる。
　図7-2は，厚生労働省が国立社会保障・人口問題研究所「日本の将来推計人口（2017年推計）：出生中位・死亡中位推計」に基づいて作成したグラフである。図7-2から分かるように，今後10年単位で推計予測した我が国の将来人口は減少の一途であり，しかも，生産年齢人口（15～64歳）割合が減少していくのに対して，高齢化率（65歳以上人口割合）の上昇が顕著になっている。厚生労働省の推計によれば，合計特殊出生率が現状（1.43）程度で推移した場合[3]，2060年には，日本の人口は9,284万人（現状より約3400万人の減），14歳以下人口は951万人（約740万人の減），逆に，65歳以上人口は3540万人（約420万人の増）になると予想されている。
　これにより，現状で4人に1人を占める65歳以上人口の割合が5人に2人に増加するため，現状で生産年齢人口の3人が高齢者1人を支えている状況が，1人が1人を支えなければならない状況に変わっていくと予想

第7章　「社会に開かれた教育課程」を実現する教育環境　　*143*

されている。こうした問題は，2060年問題といわれ，まさに，これまで我が国が直面したことのないような深刻な変化が到来するのである。我が国の人口が全体として減少していく中で，社会保障を必要とする高齢者の割合が増える反面，それを支える労働者人口は増えないのである。人口減少がこのまま進めば，既に出始めている影響が社会のあらゆる面で拡大していくのであり，数的・量的な面はもちろん，人々の価値観も変化するとともに，地方の伝統文化の維持なども一層困難になることだろう。

人口の自然減と社会減との重複による教育問題

特に，人口の自然減（高齢者死亡者数の増加と新生児出生数の低下による減少，現在は高齢者死亡者数の増加と新生児出生数の低下という2つの要因が重なっており人口減少傾向の歯止めが難しい状況になっている）と社会減（地方から都市部への流出など他地域への移動による減少，離村や地方離れ・限界集落の問題を抱えている地方では特に深刻である）が重なる地域では，単に「少子化」という言葉では捉えきれない地域そのものの衰退という危機が迫っている[4]。そうした状況は，社会問題の域に止まらず学校及び児童生徒の生活を取り巻く環境にまで大きな影響を及ぼし始めている。

我が国の社会には，このように今後一層深刻となる変化が待ち受けているのであり，児童生徒が将来必然的に直面する問題であるにもかかわらず，人口減少問題は，教育問題としては殆ど扱われてこなかった。その理由は，人口減少に歯止めをかけるための施策等が，学校教育の問題とは性格上の距離があるためと考えられるが，人口減少問題は，学校及び児童生徒が将来直面する様々な問題と根底的に関わっている問題であることを見逃してはならない。児童生徒数の減少による学校の再編統合の問題をはじめ，児童生徒の人間関係や道徳に関わる問題，将来の社会変化に対応した学力の在り方に関する問題，将来の職業や働き方を視野に入れたキャリア教育の問題，学校教育と地域振興との関係に関する問題など，人口減少社会がもたらす教育問題は深刻である。

社会総がかりの対応が必要

　新学習指導要領が目指す学校教育の在り方として，社会の変化を見据えながら，将来の社会に生きる児童生徒に必要な力を養うことが必要になっている。しかも，前述したように，社会全体の傾向として「予測困難な時代」が到来していることから，学校教育に関しても，社会総がかりの対応が必要であり，地域社会と学校とが教育の目標を共有して，児童生徒の将来につながる社会を創る力を育てていく必要がある。

　そうした「予測困難な時代」を生きるために必要とされる力は，これまで直面したことがないような問題に対しても，自ら課題を発見し，主体的に解決していく資質・能力である。それは，未知の問題も含めて様々な問題に対して，他人と協調しながら対応することができる問題解決型の能力であり，他人と協力して新たな社会を創っていく共創的な力である。今後そうした力を学校と地域社会が連携かつ協働して育てていくことが，「社会に開かれた教育課程」の考え方の趣旨である。新学習指導要領が目指す「社会に開かれた教育課程」の考えには，前述したように，我が国が置かれている深刻な社会的変化が背景にあるのである。「社会に開かれた教育課程」の実現を目指すために，社会総がかりの対応が必要になっている。

第2節

「社会に開かれた教育課程」とカリキュラム・マネジメント

「社会に開かれた教育課程」の理念と3条件

　「予測困難な時代」を生きていく児童生徒に必要な資質・能力を育成していくためには，社会的変化を視野に入れつつ，学校と地域社会が総がかりで対応していく必要がある。そうした「社会に開かれた教育課程」の理念を最初に明確化したのは，中央教育審議会教育課程企画特別部会の「論点整理」(2015.8.26) である。そこでは，「社会に開かれた教育課程」の条件を下記のように3つ示しており（表7－1），その理念は，以降の中央教育審議会答申「幼稚園，小学校，中学校，高等学校及び特別支援学校の学習指導要領等の改善及び必要な方策等について」(2016.12.21) をはじめ，小学校・中学校の新学習指導要領（2017.3.31）および高等学校学習指導要領（2018.3.30），特別支援学校学習指導要領（小・中学部2017.4.28，高等部2019.2.4）に引き継がれている。

表7－1　「社会に開かれた教育課程」の3条件

①社会や世界の状況を幅広く視野に入れ，よりよい学校教育を通じてよりよい社会を創るという目標を持ち，教育課程を介してその目標を社会と共有していくこと。
②これからの社会を創り出していく子供たちが，社会や世界に向き合い関わり合い，自らの人生を切り拓（ひら）いていくために求められる資質・能力とは何かを，教育課程において明確化し育んでいくこと。
③教育課程の実施に当たって，地域の人的・物的資源を活用したり，放課後や土曜日等を活用した社会教育との連携を図ったりし，学校教育を学校内に閉じずに，その目指すところを社会と共有・連携しながら実現させること。
（「論点整理」下線筆者）

「社会に開かれた教育課程」3条件の内容

　表7-1に示した内容で，①の「教育課程を介してその目標を社会と共有していく」とは，児童生徒に将来必要となる資質・能力を育てるという目標に対して，それを学校と地域社会が共有し，教育課程の実施プロセスにおいて，社会との連携や協働を重視して実現していくことである。すなわち，変化の激しい社会に対応する力を児童生徒に育てるために，学校が関わる社会や世界との接点を基軸に，多様な人々との関わりを生かして学校教育の目標を達成していくことを示している。

　次に，②の「求められる資質・能力とは何かを，教育課程において明確化し育んでいく」とは，学校教育法に規定された学力の3要素（学校教育法第30条第2項：(1)基礎的・基本的な知識・技能の習得，(2)知識・技能を活用して課題を解決するために必要な思考力・判断力・表現力等，(3)主体的に学習に取り組む態度）を基本に，学校と地域社会が共有している上記①の目標を踏まえて，児童生徒に育成すべき資質・能力を教育課程において明確化していくことである。

　そして，③の「学校教育を学校内に閉じずに，その目指すところを社会と共有・連携しながら実現させる」とは，従来から行われていた学校と地域との連携を基盤とし，さらに，チーム学校の考えや地域学校協働本部，コミュニティ・スクールなどの制度を活用して，学校教育の目標を地域社会と共有して実現していくことである。

　以上に述べた「社会に開かれた教育課程」の3条件の内容からも分かるように，「社会に開かれた教育課程」の理念を実現するためには，学校がこれまで以上に地域と連携し地域の教育環境を生かした教育活動を推進していくことが重要になる。特に，3条件の①「教育課程を介してその目標を社会と共有していく」ことと②「求められる資質・能力とは何かを，教育課程において明確化し育んでいく」ことは，従来以上に，学校と地域との関係に踏み込んだ内容であり，カリキュラム・マネジメントの要点であるといえる。

第3節

「開かれた学校づくり」の概念との違い

「開かれた学校づくり」の考え

　「社会に開かれた教育課程」と類義の考えとして,「開かれた学校づくり」がある。「開かれた学校づくり」は, 学校が家庭や地域社会と連携・協働して学校運営を進めるものであり, その意味では,「社会に開かれた教育課程」の考えは, 基本的には「開かれた学校づくり」の延長線上にある。

　そもそも,「開かれた学校づくり」の考えは, 学習指導要領の変遷という視点でその経緯をたどると, 1998 (平成10) 年の学習指導要領改訂について提言した中央教育審議会答申「21世紀を展望した我が国の教育の在り方について (第一次答申)」(1996.7.19) から出されている。同答申で,「家庭や地域社会との連携を進め, 家庭や地域社会とともに子供たちを育成する開かれた学校となる」ことが提言され, 社会に対して「開かれた学校づくり」の推進が目指された。その内容は, 地域の人々や保護者の学校ボランティア, 学校施設の開放, 余裕教室の活用, 学校と社会教育施設等との複合化などである。以降, ボランティアによる学校環境の清掃・整備, 学校体育館の開放, 図書室の一般利用, 学校と地域コミュニティセンターの複合的建築等が広く行われるようになった。

　次いで, 中央教育審議会答申「今後の地方教育行政の在り方について」(1998.9.21) で,「公立学校が地域の専門的教育機関として, 保護者や地域住民の信頼を確保していくためには, 学校が保護者や地域社会に対してより一層開かれたものとなることが必要」であることから, 学校評議員制度の導入などを求めたのである。同答申は, 学校の自主性・自律性の確立を基調に, 校長の裁量権限の拡大, 学校評議員制度の導入, 完全学校週

5日制の実施なども提言している。その結果，学校教育法施行規則の改正により，学校評議員制度が2000（平成12）年度から，完全学校週5日制が2002（平成14）年度から実施されてきている。完全学校週5日制は，1998（平成10）年改訂の学習指導要領の実施に合わせ2002（平成14）年度から開始されることになったものである。こうして，「開かれた学校づくり」が教育行政的施策とともに進められてきたのである。「開かれた学校づくり」を推進した成果として，外部の関係機関との連携が一層図られ，外部の専門家やボランティア等が学校の教育活動に参加する機会が増加してきたのである。「開かれた学校づくり」から「社会に開かれた教育課程」への流れをまとめると，表7－2（p.150）のようになる。

「開かれた学校づくり」から「社会に開かれた教育課程」への流れ

このように，「開かれた学校づくり」の考えは，学校運営や地域連携の在り方を変え，学校が地域とより密接に関わる方向に改善することに寄与してきた。その上で，「社会に開かれた教育課程」の考えは，「開かれた学校づくり」の路線をさらに一歩進めようとするものである。前述したように，「社会に開かれた教育課程」の考えは，よりよい社会を創るという目標を学校の教育課程を通じて地域社会と共有していくこと，そのために児童生徒に求められる資質・能力を教育課程において明確化することなどを強調したものである。

したがって，「社会に開かれた教育課程」の考えは，これまでの学校と地域社会との連携のレベルを超えて，教育課程の目標やカリキュラム・マネジメントの在り方にまで踏み込んでいる点において，「開かれた学校づくり」の考えを大きく更新したものといえる。カリキュラム・マネジメントの具体的な内容とそのプロセスについては，第5章で詳述しているので，ここでは，「社会に開かれた教育課程」との関連を中心に要点を述べることにする。

第4節 カリキュラム・マネジメントの重要性

「社会に開かれた教育課程」とカリキュラム・マネジメント

　以上のような経緯の結果，新学習指導要領では「社会に開かれた教育課程」の実現が強く求められている。表7-1に示した「社会に開かれた教育課程」の3条件を教育課程において実現していく場合，それらが学校のカリキュラム・マネジメントに対応していると捉えることが重要である。

表7-2　「開かれた学校づくり」から「社会に開かれた教育課程」への流れ

年月日	答申等	趣旨等	
1996.7.19	中央教育審議会答申「21世紀を展望した我が国の教育の在り方について」	家庭や地域社会とともに子供たちを育成する開かれた学校となることが提言される。	開かれた学校づくり
1998.9.21	中央教育審議会答申「今後の地方教育行政の在り方について」	学校が保護者や地域社会に対してより一層開かれたものとなることの必要性が指摘される。	
2000.4.1	改正学校教育法施行規則の施行	学校評議員制度の導入。	
2002.4.1	完全学校週5日制の開始	月2回の学校週5日制を毎週の完全学校週5日制とし，1998年改訂の学習指導要領の実施に合わせ開始。	
2005.4.1	地方教育行政の組織及び運営に関する法律改正（法改正2004年6月）により，学校運営協議会制度発足	学校運営協議会を設置したコミュニティ・スクールが発足する。	
2015.8.26	中央教育審議会初等中等教育分科会教育課程企画特別部会「論点整理」	学校教育を学校内に閉じずに，その目指すところを社会と共有・連携しながら実現させることが重要とされる。	社会に開かれた教育課程
2016.12.21	中央教育審議会答申「幼稚園，小学校，中学校，高等学校及び特別支援学校の学習指導要領等の改善及び必要な方策等について」	我が国が社会的な課題を乗り越え，未来を切り拓いていくためには，社会とのつながりの中で学校教育を展開していくことが重要とされる。	
2017.3.31	小学校・中学校学習指導要領改訂（高等学校・特別支援学校学習指導要領も続いて改訂）	学校教育を通してよりよい社会を創るという理念を学校と社会とが共有し，子ども達がどのように学び，どのような資質・能力を身に付けるのかを教育課程において明確にしつつ，社会との連携・協働によって実現していくことが重要とされる。	

3条件とカリキュラム・マネジメントへの位置付け

　表7-1の①「教育課程を介してその目標を社会と共有していく」ことは，カリキュラム・マネジメントのPDCAサイクルでは，主にPの段階に相当する内容であり，②の「求められる資質・能力とは何かを，教育課程において明確化し育んでいく」ことは，主にDの段階に相当する内容である。そして，③の「学校教育を学校内に閉じずに，その目指すところを社会と共有・連携しながら実現させる」ことは，主にDCAの段階に相当する内容である。これらの3条件を図5-1 (p.103) で示したカリキュラム・マネジメントのPDCAサイクルに位置付けたものが次の図7-3である。

図7-3　「社会に開かれた教育課程」のカリキュラム・マネジメント・サイクル

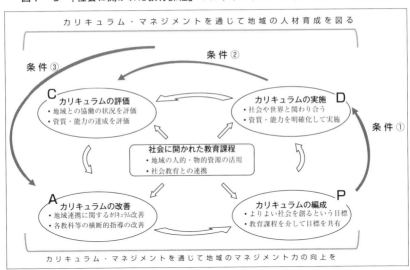

　したがって，「社会に開かれた教育課程」を教育課程において実現していく場合には，上記の3条件をカリキュラム・マネジメントのPDCAサイクルと関連付けて捉えることが必要になる。図7-3は，そうしたカリキュラム・マネジメントの概略をPDCAサイクルに沿って示したものである。

カリキュラム・マネジメントの機能を生かした推進

前出の「論点整理」(2015.8.26)及び中央教育審議会答申(2016.12.21)では、「教育内容と、教育活動に必要な人的・物的資源を、地域等の外部の資源も含めて活用しながら効果的に組み合わせること」が、カリキュラム・マネジメントの3つの側面[5]の1つとして指摘されている。3つの側面とは、①教科等横断的な視点で教育内容を組織的に配列すること、②現状調査を踏まえカリキュラムの評価と改善を図るPDCAサイクルを確立すること、③教育活動に必要な人的・物的資源等を地域の外部資源も含めて活用すること、である。これらの側面を踏まえて、学校組織全体でカリキュラム・マネジメントの機能を生かしていくことになる[6]。

さらに、2015(平成27)年12月に発表された3つの答申[7]で提言されたように、チームとしての学校の在り方、コミュニティ・スクールの在り方等を踏まえ、学校が地域の組織や人材と連携して、様々な教育問題に対応するとともに、教育活動を豊かにしていくことが求められている。今後、「社会に開かれた教育課程」の実現を目指す際して、こうした地域連携の一層の充実が、学校における様々な教育活動を展開するための基盤として、これまで以上に重視されなければならないのである。これは、「社会に開かれた教育課程」の理念を実現していくための今後の要点といえる。

カリキュラム・マネジメントを通じた地域の人材育成

「社会に開かれた教育課程」を推進する場合に、学校が地域に対して配慮したいことは、学校のカリキュラム・マネジメントを通じて地域の人材育成を図ることとカリキュラム・マネジメントを通じて地域のマネジメント力の向上を図ることである。学校と地域が、よりよい社会を創るという共通の目標を持ち、「社会に開かれた教育課程」の理念を共有していくためには、それを実現しうる地域の人材が育たなければならない。そのためには、学校のカリキュラム・マネジメントの在り方を地域の人々と共有し、学校との関わりの中で、地域人材の力量を向上させていくことである。

さらに、学校からの指示がなくても、地域が自主的・主体的に学校の教

育活動に協力するマネジメント力の向上を図ることである。現在，学校の業務が肥大化しているため教員の多忙化が深刻な問題になっていることもあり，学校と地域が協力して子どもの教育環境を改善していくためにも，地域の人材育成とマネジメント力の向上が鍵になるのである。地域の人材育成とマネジメント力の向上が徐々に進むことによって，学校と地域双方におけるタイムマネジメント[8]の意識改善が図られたり，学校と地域との協力関係や協働活動が円滑になったりすることが期待でき，現在我が国全体の課題になっている学校や教員の多忙化を軽減することにつながっていく。「社会に開かれた教育課程」の理念を学校と地域が共有しつつ，地域の人材育成とマネジメント力の向上を図ることが，今後を展望した場合の大きな実践的課題であると指摘できる。

そうした基盤を固めた上で，よりよい社会を創るという目標を教育課程を介して地域社会と共有しつつ，児童生徒に育てる資質・能力を明確化しながら，カリキュラム・マネジメントの機能を生かし推進することが，「社会に開かれた教育課程」を実現していく方向性であるといえる。

課題図書

- 池上彰『池上彰の「日本の教育」がよくわかる本』PHP文庫，2014年
- ぎょうせい編『「社会に開かれた教育課程」を考える』（新教育課程ライブラリ Vol. 11）ぎょうせい，2016年
- 寺脇研『国家の教育支配がすすむ―［ミスター文部省］に見えること―』青灯社，2017年
- 前川喜平・寺脇研『これからの日本，これからの教育』ちくま新書，2017年
- 河合雅司『未来の年表―人口減少日本でこれから起きること―』講談社現代新書，2017年
- 河合雅司『未来の年表2―人口減少日本であなたに起きること―』講談社現代新書，2018年
- 稲井達也・伊東哲・吉田和夫編（貝ノ瀬滋監修）『「社会に開かれた教育課程」を実現する学校づくり―具体化のためのテーマ別実践事例15―』学事出版，2018年

「註

(1) 今後我が国が迎える社会をSociety5.0と表現することがある。Society 5.0は，内閣府によって，第5期科学技術基本計画(2016.1.22)の中で示されている。それは，「サイバー空間(仮想空間)とフィジカル空間(現実空間)を高度に融合させたシステムにより，経済発展と社会的課題の解決を両立する，人間中心の社会(Society)」であり，「狩猟社会(Society 1.0)，農耕社会(Society 2.0)，工業社会(Society 3.0)，情報社会(Society 4.0)に続く，新たな社会を指すもので，第5期科学技術基本計画において我が国が目指すべき未来社会の姿として初めて提唱」されたものである。Society 5.0は，サイバー空間と物理的空間とが調和した超スマート社会ともいわれる。我が国が目指すべき社会としてのSociety 5.0のイメージは，内閣府によって明確に打ち出されているが，これまでにない急激な社会の変化であることを考慮すると，将来を見通すことの不透明さは依然として残ると思われる。

(2) 谷川彰英「『隠れた論争問題』としての人口減少問題」中央教育研究所『人口減少問題と学校教育』研究報告No.90，1頁，2017年6月。谷川彰英は，我が国の人口減少に関わる問題を「隠れた論争問題」と指摘しているが，ここではその教育問題としての側面を重視し，「隠れた教育問題」という表現を用いた。

また，同書で，馬居政幸は，我が国の社会保障システムが公務，民間企業，自営という就業形態によって異なる制度に基づいて実施されていることを示した上で，「非正規・パートで維持される3次産業の拡大は，このような日本の社会保障システムの外側で生活しなければならない大量の男女を再生産する。これが2000年代の日本社会に埋め込まれた格差の社会構造である」と指摘している(馬居政幸「人口減少と学校教育」同上書，第2章36頁)。

我が国では，こうした格差の社会構造が，人口減少問題と重なり一層深刻な事態に陥っていくことが予想され，学校教育に関する「隠れた教育問題」として留意していくべきであろう。

(3) 厚生労働省が，国立社会保障・人口問題研究所「日本の将来推計人口(2017年推計)：出生中位・死亡中位推計」に基づいて推計した2017年以降における我が国の将来人口予測による。

(4) 地域の人口減少問題を抱える高校の状況も深刻であり，それを高校の「魅力づくり」で乗り切ろうとしている事例もある。そこには，「特色ある学校づくり」を生徒の成長を第一義におく「魅力づくり」という視点で捉え直した学校経営戦略が見られる。(小粥俊輔「人口減少社会を見据えた高校の『魅力づくり』」(特集　人口減少社会の高校教育)『月刊高校教育』2017年11月号，40〜43頁)

(5) 中央教育審議会答申で言及されたカリキュラム・マネジメントの3つの側面とは，「①各教科等の教育内容を相互の関係で捉え，学校教育目標を踏まえた教科等横断的な視点で，その目標の達成に必要な教育の内容を組織的に配列していくこと。②教育内容の質の向上に向けて，子供たちの姿や地域の現状等に関する調査や各種データ等に基づき，教育課程を編成し，実施し，評価して改善を図る一連のPDCAサイクルを確立すること。③教育内容と，教育活動に必要な人的・物的資源等を，地域等の外部の資源も含めて活用しながら効果的に組み合わせること」(中央教育審議会答申「幼稚園，小学校，中学校，高等学校及び特別支援学校の学習指導要領等の改善及び必要な方策等について」2016.12.21)である。

(6) カリキュラム・マネジメントを有効に機能させるための組織マネジメントについては，下記書で詳述している。

山﨑保寿「カリキュラムの効果的実施を図るマネジメント」八尾坂修編『子どもの人間

力を育てる学校改善マネジメント―その方策と実践―』教育開発研究所, 2006年12月, 76～79頁。
山﨑保寿編『教務主任ミドルマネジメント研修BOOK―ミドルマネジメントの基礎・基本と実務の進め方―』教育開発研究所, 2014年4月。
(7) 2015(平成27)年12月21日に出された以下の3つの中央教育審議会答申「新しい時代の教育や地方創生の実現に向けた学校と地域の連携・協働の在り方と今後の推進方策について」「これからの学校教育を担う教員の資質能力の向上について～学び合い, 高め合う教員育成コミュニティの構築に向けて～」「チームとしての学校の在り方と今後の改善方策について」である。
(8) タイムマネジメントの浸透の必要性については, 八尾坂修が, 教師の働き方改革に関する条件整備改善の経営学的研究視点から, 学校組織運営に関する効率化の側面の1つとして指摘している(八尾坂修「カリキュラムの経営学的研究」日本カリキュラム学会編『現代カリキュラム研究の動向と展望』教育出版, 2019年, 330～331頁)。

資料
material

- 用語解説
- 教育基本法
- 学校教育法（抄）
- 学校教育法施行規則（抄）

用語解説

　ここでは，本書の内容に関連する基本的な用語や概念を整理し解説を示す。用語には，2017・2018（平成29・30）年改訂の学習指導要領に関連するものも取り入れてある。重要事項を本文の内容と併せて確認して頂きたい。今後発展した学習を行うための基礎知識として，用語間の意味と相互の関連を理解しておくことが望ましい。

○ ICT（Information and Communication Technology）

　ICTとは，情報通信技術を表すITの概念を一歩進め，コミュニケーションの要素を加えたものである。ICTでは，ネットワーク社会における情報や知識の共有におけるコミュニケーション活動を重視している。現在，学校におけるICT環境の整備，教師のICT指導力の向上，校務でのICT活用が進んでいる。

　2017（平成29）年改訂学習指導要領では，小学校段階からのプログラミング教育が位置付けられ，ICTの充実が目指されている。また，ネットワークを利用した多様なコミュニケーションが行われている現在，情報モラルの教育も重視されなければならない。

○アカウンタビリティ（accountability：説明責任）

　アカウンタビリティは，説明責任や説明義務のことであり，学校のような公共体が責任を持って地域や保護者へ必要な情報を公開しなければならないことから要請されるようになった。地域や保護者との信頼関係を築くためにも，学校がアカウンタビリティを果たしていくことが重要である。

　中央教育審議会答申「初等中等教育における当面の教育課程及び指導の充実・改善方策について」（2003.10.7）では，各学校が授業時数の実績管理や学習状況の把握などの自己評価，改善の実施，保護者や地域住民等へ計画や実施状況を積極的に公表し，説明責任を履行することが示された。

○アクション・リサーチ

　アクション・リサーチは，研究者と実践者の協力と共同作業により，教育の実践的な課題に対して，その解決と実践の改善を目指す継続的で反省的な研究である。1940年代後半から50年代前半にかけて，社会心理学者のレヴィンによって提唱された研究方法である。今日では，アクション・リサーチは，教科教育，カリキュラム開発，学校改善プログラムの研究へとその方法論が適用されている。例えば，外国語教育におけるアクション・リサーチは，授業内における様々な問題を解決するために，教師自らが研究的にデータを収集・分析し，それを発表・検討することで解決策を導き出していくための研究方法を意味している。

○アクティブ・ラーニング

　アクティブ・ラーニング（能動的学修）は，当初，大学教育の質的転換を図るため，大学の授業での積極的導入が目指された。2012（平成24）年8月の中央教育審議会答申（大学教育の質的転換答申）では，「教員による一方向的な講義形式の教育とは異なり，学修者の能動的な学修への参加を取り入れた教授・学習法の総称。学修者が能動的に学修することによって，認知的，倫理的，社会的能力，教養，知識，経験を含めた汎用的能力の育成を図る。発見学習，問題解決学習，体験学習，調査学習等が含まれるが，教室内でのグループ・ディスカッション，ディベート，グループ・ワーク等も有効なアクティブ・ラーニングの方法である」とされた。

　今日では，小・中・高等学校教育において，主体的に学ぶ力を育て，将来にわたって必要なスキルを身に付けさせる学習法としてアクティブ・ラーニングが重視されている。その方法としては，問題解決型の学習をはじめ，調査探求学習，グループ学習，ディベート，プレゼンテーション等が取り入れられる。

◉安全教育

　生涯を通じて健康で安全な生活を送る上での基礎を培うための教育であり，学習指導要領に位置付けられている。安全教育は，各教科を中心に安全についての知識や技能の習得を目指す安全学習と，特別活動を中心に危険に対して適切に対処する実践的態度の育成を目指す安全指導とからなる。

　2017（平成29）年改訂の中学校学習指導要領総則では，「学校における食育の推進並びに体力の向上に関する指導，安全に関する指導及び心身の健康の保持増進に関する指導については，保健体育科，技術・家庭科及び特別活動の時間はもとより，各教科，道徳科及び総合的な学習の時間などにおいてもそれぞれの特質に応じて適切に行うよう努めること」とされている。近年，子どもが被害者となる事件・事故，心身の発達や性に関する問題，社会の情報化がもたらす問題など，学校が安全教育として取り組まなければならない課題は多い。これを踏まえ，各学校では，学校安全計画を立てることになっている。

◉ESD（Education for Sustainable Development：持続可能な開発のための教育）

　ESDとは，環境，人権，平和，開発といった様々な現代的課題に取り組み，持続可能な社会づくりの担い手を育てるための教育である。これらの現代的課題を自らの問題として捉え，身近なところから取り組む（think globally, act locally）ことを趣旨とするものである。ESDの主要目標として，環境，経済，社会等の面において持続可能な将来が実現できるような価値観と行動の変革をもたらすことが掲げられている。ESDの推進校として，ユネスコスクールが，環境，平和，人権などをテーマとした様々な活動を行っている。

◉異文化間教育

　複数の文化の間に見られる異なる価値観，生活様式，社会制度などから生じている教育問題について考究し，また，その成果を実践指導の中に生かしていく教育の分野をいう。従来からの比較教育，ユネスコ主唱の国際理解教育，地球社会教育などと共通する部分が多いが，人の生き方，考え方，行動の仕方などに関わる文化的側面を基底的なものと捉えている点に特徴がある。

◉インクルーシブ教育（inclusive education：包括的教育）

　インクルーシブは包括的という意味であり，障害のある者と障害のない者の多様性を尊重し，同じ教室で学ぶことをいう。人間の多様性を尊重し，障害者が精神的及び身体的な能力を最大限に発達させ，自由な社会に効果的に参加することを可能にすることを目的としている。インクルージョン教育と呼ばれることもある。

　なお，障害児が通常学級に入り一緒に学ぶことを統合教育（インテグレーション）という概念で示した時期もあったが，それは，学ぶ権利の保障という考えに立って行われたものである。

◉STS（Science, Technology and Society）教育

　STS教育は，社会における科学や技術を対象とする教育であり，特に，市民社会における科学技術の在り方を考える教育である。STS教育の主な目的は，学習者が生活と科学の関係に目を向け，科学技術が環境や社会に対して引き起こしている様々な問題を考えるようにすることである。それにより，科学を学ぶ意義や価値を学ぶとともに，環境問題，エネルギー問題，食糧問題などの社会的問題に対する判断力を養うことにある。

　1970年代から80年代にかけて，アメリカを中心として，科学技術を社会との相互作用で捉える運動が起こってきた。これは，1960年代から70年代に盛んだった教育の現代化運動に対する反動であり，科学教育が市民生活と無関係の内容で体系化されていることへの反省として起こったものである。

◉EdTech（エドテック）

　EdTechとは、Education（教育）とTechnology（テクノロジー）を組み合わせた用語で、ITなどを駆使することによって教育を飛躍的に発展させることを目指す取り組みやその潮流をいう。

今日、インターネットなどを活用したオンラインにより、企業が提供する教育サービスが拡大しており、そのシステムや取組の動向を指すことが多い。

◉オープン・エデュケーション

オープン・エデュケーションは、基本的には、オープン・スクール（壁のない学校）で行われている教育を指すが、中でも、教室、学年、時間割、教科・科目、固定教材、一斉授業等に関する一律の形式を取り払った教育を意味する。イギリスでインフォーマル・エデュケーションとして行われていた方法が、アメリカでオープン・エデュケーションと呼ばれ、我が国へは、1970年代に導入されたものである。

壁がないという外形的な形式だけでなく、児童生徒の興味関心に基づくテーマ学習により、一人ひとりの能力と個性を伸ばす方法を取り入れるなど、学習の個別化を図る教育方法を重視するものである。

◉学力の3要素

学校教育の目的を実現するために、特に力を注ぐ点として、学校教育法第30条第2項は、「生涯にわたり学習する基盤が培われるよう、基礎的な知識及び技能を習得させるとともに、これらを活用して課題を解決するために必要な思考力、判断力、表現力その他の能力をはぐくみ、主体的に学習に取り組む態度を養うことに、特に意を用いなければならない」と規定している。ここに示された①基礎的な知識・技能、②思考力・判断力・表現力等の能力、③主体的に学習に取り組む態度を学力の3要素といい、今後における授業改善の指針となる。

2017（平成29）年改訂の学習指導要領によって育成を目指す資質・能力は、次のように、学力の3要素に対応させた3つの柱として構成されている。①何を知っているか、何ができるか（個別の知識・技能）、②知っていること・できることをどう使うか（思考力・判断力・表現力等）、③どのように社会・世界と関わり、よりよい人生を送るか（学びに向かう力、人間性等）。

◉課題解決学習

課題解決学習は、知識の体系を重視しながら問題解決学習の方法を取り入れた学習の形態である。特定の課題を様々な角度から探求したり、問題解決の遂行、創造活動などを行ったりする学習である。歴史的には戦後、系統学習と問題解決学習の対立点を克服するものとして課題解決学習が提起された。

問題解決学習が、児童生徒が自らの興味関心に基づいてテーマを決定し追究することを基本とするのに対して、課題解決学習では、教師が学習目的遂行のために設定したテーマについて学習する方式である。これは、「はいまわる経験主義」と批判された問題解決学習の活動主義的な方法に対して、系統的知識の学習を重視した方法として取り入れられたものである。

◉課題研究

児童生徒が特定の課題について、主体的に探求活動を行い、その結果をまとめ発表したり意見交換したりする学習をいう。課題研究では、児童生徒自らが研究テーマを設定し、計画、方法を主体的に選択し決定し、自発的、創造的な探求活動を行うことが望まれる。探求活動としては、討論、資料収集、調査、野外観察、実験、実習等が挙げられる。

◉学校設定教科・科目

高等学校が、学習指導要領に記載されたもの以外に、独自に設定できる教科・科目をいう。2018（平成30）年改訂の高等学校学習指導要領では、「学校設定科目の名称、目標、内容、単位数等については、その科目の属する教科の目標に基づき、高等学校教育としての水準の確保に十分配慮し、各学校の定めるところによるもの」とされている。

学校設定教科の例として、環境、国際、演劇、健康、教養、日本文化、社会福祉、健康福祉、地域研究、科学研究などがある。中学生が高等学校への進学を考える場合、教育課程の特色としてどのような学校設定教科・科目を設置しているかも判断材料の1つになる。

○学校知
　学校で教え，学ばれる知識が学校知である。狭義には，学校で教えられる教科内容やその知識を意味するが，広義には，子どもが学校生活をとおして身に付ける行動様式をも含めて学校知と捉えられる。これらの定義の違いは，子どもが教育課程をとおして身に付ける教科内容や道徳規範だけでなく，子どもが学校生活の中で，潜在的カリキュラムとして暗黙的に身に付ける価値観や行動様式にまで注目すれば広義の意味になる。

○カリキュラム
　カリキュラム（curriculum）は，学術的・一般的用語で，目的，計画，方法，実践，学習活動，そして子どもの学習経験にわたる広い概念である。教育課程という用語は基本的に行政用語であり，学習内容を組織的・計画的に編成したものと解釈されることが多いのに対して，カリキュラムという用語は，学習内容の組織的・計画的配列から授業内容まで含めた広い概念として使われることが多い。

○カリキュラム開発
　カリキュラム開発は，教師，学校，教育研究者，教育行政機関，国などが，教育の目的，内容，方法，評価など，教授学習活動に必要な要素を新たに組織編成し創りあげることである。カリキュラム開発は，新しいカリキュラムを創り出すことをいうが，用語に開発という言葉を使うのは，それがより主体的かつ包括的な営為を意味する概念であるからである。
　カリキュラム開発という言葉には，各学校での実践をとおしてカリキュラムの成否を絶えず検証し，完成度の高いカリキュラムを追求するという意味合いがある。そのためのより有効なカリキュラム開発の手順や方法を明らかにするという基本理念が根底にある。

○カリキュラム評価
　カリキュラム評価とは，各学校が，実施したカリキュラムの成果を適切な観点から評価することである。カリキュラム評価の実施レベルには，地方教育委員会が管轄する学校におけるカリキュラムの実施状況に対して行うものと，各学校が自校で実施しているカリキュラムの成果に対して行うものとがある。各学校で行うカリキュラム評価は，学校評価（学校自己評価，学校関係者評価）の一部として行われている。ここで，学校自己評価は，自校の教職員が自校の教育活動や学校運営の状況に対して行うものであり，学校関係者評価は，学校評議員等外部の関係者が学校自己評価の結果を踏まえて，教育活動や学校運営の状況に対して行うものである。

○カリキュラム・マネジメント（カリキュラム経営）
　カリキュラム経営は，開発編成したカリキュラムを実施，評価，改善していく組織的な営みである。各学校では，より効果的なカリキュラムを実現するために，実施中のカリキュラムを評価検討し，改善していかなければならない。カリキュラム・マネジメントの方法をプロセスとして示せば，カリキュラムの開発→編成→計画（P）→実施（D）→評価（C）→改善（A）となる。特に，各教科における基礎・基本の学習と総合的な学習の時間等における学習内容との関連を図り，教員の組織的で協働的な指導により，児童生徒の学力や資質・能力を伸ばしていくことが，カリキュラム・マネジメントの重要な目標になる。

○環境教育
　環境教育は，現在における環境の問題点を明らかにするとともに，次世代のために望ましい環境を目指して維持改善していくことを目的とした教育をいう。従来の公害教育から発展して，現在では人間と自然との相互依存関係を理解し，個人，地域社会，地球生態系の各レベルでの価値判断ができ，それに応じた適切な行動選択ができる市民の育成が目指されている。

○完全習得学習
　完全習得学習では，学習の前に実施する診断的評価，学習過程で実施する形成的評価，学習終

了時に実施する総括的評価が行われる。事前評価では，レディネスの不足している子どもに予め補充学習を行っておく。形成的評価では，学習の区切り毎に，学習目標に対する未到達点を明らかにし必要な子どもに補充学習と深化学習を行う。

特に，学習目標の詳細な分析によって教育目標細分化表を作成し，それに基づいて内容と行動を縦・横軸に配置した内容×行動のマトリックスを作成しておく。このように，学習単元の内容を細分化，構造化し，指導計画と評価計画を一体化した方法（形成的評価）により，完全習得を目指すのである。

今日では，完全習得学習そのものよりも，完全習得学習のプロセスの1つとして取り入れてきた形成的評価の考え方やその方法が，学習評価を有効化し学習の質を充実させる方法として重要になっている。

●キー・コンピテンシー

中教審答申（2008.1.17）では，「知識基盤社会」の時代を担う子どもたちに必要な能力として，OECD（経済協力開発機構）が明らかにした主要能力（キー・コンピテンシー）を取り上げている。キー・コンピテンシーは，OECDによるPISA調査の概念的な枠組みである。PISA調査は，「単なる知識や技能だけではなく，技能や態度を含む様々な心理的・社会的なリソースを活用して，特定の文脈の中で複雑な課題に対応することができる力」を調べることを目的とした国際調査である。それらの力は，①社会・文化的，技術的ツールを相互作用的に活用する力，②多様な社会グループにおける人間関係形成能力，③自立的に行動する能力，という3つのカテゴリーで構成されている。

こうしたキー・コンピテンシーの育成は，国際的な動向として重要視されているところであり，2017（平成29）年改訂学習指導要領の趣旨を踏まえた学校教育の展開においても，今後重要な能力概念になるといえる。

●キャリア教育

キャリア教育の定義は，「望ましい職業観・勤労観及び職業に関する知識や技能を身に付けさせるとともに，自己の個性を理解し，主体的に進路を選択する能力・態度を育てる教育」（中央教育審議会答申「初等中等教育と高等教育との接続の改善について」1999.12.16）であり，『「キャリア」概念に基づき『児童生徒一人一人のキャリア発達を支援し，それぞれにふさわしいキャリアを形成していくために必要な意欲・態度や能力を育てる教育』ととらえ，端的には，『児童生徒一人一人の勤労観，職業観を育てる教育』』（キャリア教育の推進に関する総合的調査研究協力者会議報告書「児童生徒一人一人の勤労観，職業観を育てるために」2004.1.28）とされている。

歴史的には，1970年代初頭から80年代半ばまで，米国連邦教育局（現・教育省）の教育改革最重点施策の1つとして，全米的規模で推進された進路教育（運動）として始まった。

●教育格差

格差社会と言われる今日，社会の様々な面に格差という視点が当てられている。教育に関しても，生育環境により受ける教育に格差が生じる現象を教育格差と呼んでいる。親の社会的・経済的階層により，子どもの学歴や学校歴が異なってくるという現象が統計的に見られる。

教育格差が問題とされるのは，格差が拡大し上位層と下位層との二極分化が進んでいるという指摘があるからである。これを単なる社会現象としてではなく，教育格差の二極分化が，世代間を超えて格差の固定化につながっていく傾向がないか考えなければならない。

●教育課程

学校教育の目的や目標を達成するために，教育内容を児童生徒の心身の発達に応じ，授業時数との関連において，総合的に組織した学校の教育計画である。具体的に言えば，各教科，道徳，特別活動及び総合的な学習の時間等それぞれの目標を達成するために教育内容を学年に応じ授業時数との関連において総合的に組織した学校の教育計画の意味である。学校における教育課程は，学校教育目標を踏まえ，学年，学期，月，単元，週などの単位で，各教科及び領域ごとに，具体

的で綿密な教育計画が立てられている。一般に，教育課程は意図性・計画性を有する顕在的なカリキュラムを意味する。

学校教育法施行規則第52条により，「小学校の教育課程については，この節に定めるもののほか，教育課程の基準として文部科学大臣が別に公示する小学校学習指導要領によるものとする」(中学校・高等学校も同様) と定められている。

●教科横断的指導

2017 (平成29) 年改訂学習指導要領では，主体的・対話的で深い学びなどの理念を実現するための教科横断的な視点として，教科間相互の関連を意図的につくり，協働的で問題解決的な学習を導入する方法が重視されている。各教科の内容を関連付けて指導する方法を相関カリキュラムといい，相関カリキュラムは，各学校において可能であり，カリキュラム編成や年間計画などの工夫で実現できる。教科横断的指導を実施するには，年間を通したカリキュラム・マネジメントが重要である。

なお，関連性の強い教科内容がある場合に，それらの教科を改めて1つの教科としてまとめることがあり，それを融合カリキュラムという。融合カリキュラムは，学校設定教科・科目等の特別な方法で可能となる。さらに，教育目的を達成するために，融合カリキュラムを発展させ，複数教科の内容を含めて大きな枠で再編成したものが広領域カリキュラムである。小学校の「生活科」が，広領域カリキュラムの例である。

●教科カリキュラム

教科を基盤にして，教育内容と学習活動とを編成するカリキュラムの総称である。教科カリキュラムは，科学や芸術などの文化から選択した内容を教科として系統的に組織し，児童生徒に効果的に学習させようとするものである。教科カリキュラムと経験カリキュラムは，互いに対比的に使用され，カリキュラムの2大類型とみなされる。ただし，両者は対立しているものではなく，教科カリキュラムの中に実験や体験などの経験的な活動が含まれていたり，経験カリキュラムを通して教科や学問の体系を理解したりすることもある。

●郷土学習

学習の題材を郷土の文化，伝統，自然の中に求め，児童生徒の直接的な体験をとおして，郷土の地理，歴史，自然等に対する理解を深め，郷土に対する豊かな情操を育み，自己と地域社会との関係や果たすべき役割について考えていく学習を郷土学習という。我が国においては，明治時代から大正時代以降も郷土教授，郷土科，郷土教育などの名前で行われてきた。戦前の昭和期には，農村自力更生運動とともに郷土学習が盛んな時期があった。郷土学習では，児童生徒自身による観察や調査活動を主体にする学習が重視される。

●クロスカリキュラム (クロスカリキュラ)

クロスカリキュラムは，各教科，道徳，特別活動の性格を生かしながらそれらをクロスさせて1つのまとまりのある単元的な学習を構成するものである。教科の垣根を低くし，それぞれの専門性を生かしながら教科の関連付けを図ったり，ある学習テーマに基づいて，各教科，道徳，特別活動等をつないで多面的に問題解決できるような学習活動の展開が可能になったりする。

クロスカリキュラムは，もともとイギリスなどで行われていたが，イギリスで全国共通カリキュラムの策定に伴って，経済，健康，環境，公民など横断的な学習課題を教えるための方法として位置付けが与えられたものである。そこでは，クロスカリキュラム全体として重視される側面として「平等の機会」「多文化主義」，育成されるべき技能として「コミュニケーション能力」「数量的思考能力」「研究技能」「問題解決」「情報テクノロジー」等が挙げられている。

●グローバル教育

自己の属する民族や国家の文化・伝統を底にしつつも，人類としての歴史を共有し地球市民的立場から社会の形成に参画していく態度や資質・能力を育成しようという教育をさす。グロー

バル教育の目標としては，民族・国家・文化間の多様性の理解，相互依存システムとしての世界観の育成，個人相互間と国際関係間との類似性と差異性の理解などである。

●経験カリキュラム

経験主義では，人間の認識作用の源泉を経験に求め，経験を行動と捉えるプラグマティズムの立場を根幹とする。経験カリキュラムとは，学習者の生活経験を基盤にして編成されるカリキュラムの総称である。経験カリキュラムでは，学習者の興味・関心に基づく主体的な学習を重視し，生活経験の中での成長と発達に重きを置き，知識や技術はそのための手段として捉えられる。経験カリキュラムは，学問的な知的体系を基本にして編成される教科カリキュラムとは対照的な位置を占める。

●健康教育

児童生徒が発達段階に応じて，自主的に健康な生活を実践することができる能力と態度を育成すること。アメリカでは，health education という言葉が1919年から使用されており，「個人，地域社会及び人種の健康に関する知識，態度，習慣に好ましい影響を及ぼす経験の総和である」(Wood, T. D., 1926) とされている。教育基本法第1条では，「教育は，人格の完成を目指し，平和で民主的な国家及び社会の形成者として必要な資質を備えた心身ともに健康な国民の育成を期して行われなければならない」と規定している。

●現代化（教育内容の現代化）

1950年代末から60年代において，先進国では自然科学を中心とした学問的成果を学校の教育内容に反映させることを目標にしたカリキュラム改造運動が展開された。アメリカでは，PSSC物理をはじめ，CHEMS化学，BSCS生物，SMSG数学など，各種の教科書，教師用指導書，実験指導書，教材などが作成された。

現代化運動の理論的基礎と先導的役割を果たしたのは，『教育の過程』(1960年) を著したブルーナーであった。教育内容の現代化が強く推進されたことにより，教育課程の比重は，内容的にも方法論的にも経験カリキュラムよりも教科カリキュラムのほうに移された。

我が国では，1968（昭和43）年改訂の学習指導要領が，世界的な教育内容の現代化の波を受けて作成されたものである。しかし，教育内容の現代化は，教育内容の過密化と学校教育の人間疎外を生み，その後は後退した。

●コア・カリキュラム（core curriculum）

児童生徒の社会生活における基本問題を解決する学習として，中心学習を学校教育の中核に置き，この周辺に情操・技術・健康を培う分野の学習である基礎学習を置いたものである。学校教育の構造を教科並列型ではなく，社会科あるいは理科を中心課程（コア）とし，それ以外の教科を周辺課程として配置したものであり，社会科と他教科との内容重複の解消も意図された。

●合科学習

単元，または題材，あるいは1単元時間の学習の中で2つ以上の教科の関連深い目標や指導内容を組み合わせて，それらが児童の具体的かつ総合的な学習活動をとおして，ともに達成していくことをねらいとしている。合科学習Gesamtunterrichtの源流は，1910年代にドイツで起こった教育改革運動の1つである。

2017（平成29）年改訂の小学校学習指導要領では，教育課程の編成について，「児童の実態等を考慮し，指導の効果を高めるため，児童の発達の段階や指導内容の関連性等を踏まえつつ，合科的・関連的な指導を進めること」とされている。

●合科教授

ドイツ語のGesamtunterrichtの訳語であるが，総合教授，合科学習，全体学習などに訳されることもある。分化教授に対立し，学校教育における教科の全部または一部を総合してすること

である。

○交流教育

　障害のある児童生徒が小・中学校の児童生徒とともに活動する交流教育は，障害のある児童生徒のみならず，すべての児童生徒や教員，地域社会の人々にとっても有意義な活動として捉えられている。また，青少年の学校外活動やボランティア教育等の推進の基盤となる活動として，交流教育の多様な展開が求められている。

○広領域カリキュラム

　教科カリキュラムによる学習の統合を図るため，類似した教科の枠を取り払って，より広い学習領域を設定するカリキュラムの形態である。例えば，物理，化学，生物，地学を統合して，それを一般科学として指導する方法である。

○国際理解教育

　国際理解教育の理念は，世界の諸国民が国を越えて理解し合い，互いに人間として尊敬と信頼をもって協力することによって，世界の平和を実現することである。ユネスコは1974年に国際理解，国際協力に関する指導原則を示している。

○ゴール・フリー学習

　学習の到達目標を教師が一律に定めることなく，児童生徒個々の能力，資質，個性などに応じて，学習を進める形態をいう。しかし，全く学習目標がないのではなく，発達段階に応じた基本的な学習目標は当初に設定される。固定的な目標にとらわれずに，児童生徒一人ひとりの興味関心に応じて，教材や基本的目標への到達プロセスを個別的に進める学習方法である。問題解決的な学習を進める場合や児童生徒の興味関心の持続，学習の発展をねらって行われる。

○コンテンツ・ベースとコンピテンシー・ベース

　学習指導要領は，学校で教えるべき内容（コンテンツ）を示すものという理解が従来からあったが，2017（平成29）年の改訂からは，コンピテンシー（能力）の在り方に重点が移行し，学校教育でどのような資質・能力を育成すべきかを示すものに基調が変わってきた。主体的・対話的で深い学びとして重視される対話力やコミュニケーション能力，協働的な課題解決能力などは，まさしくコンピテンシーといえるものである。

　ただ，コンテンツとコンピテンシーは，対立的なものではなくそれぞれを循環的・融合的に育成すべきものであり，学力の3要素の中の「基礎的な知識・技能」に関しても，コンテンツとコンピテンシーの両面がそれぞれ含まれていると考えられる。

○コンプライアンス（compliance：法令遵守，法令順守）

　コンプライアンスとは，法令や社会規範などを守り，社会の信頼に背かない行動をすることである。教職員の不祥事が問題になることがあり，学校には，法令や社会規範に背くことのない組織運営と教職員の規範意識が強く求められる。コンプライアンスは，教職員の一人ひとりが心掛けるとともに，学校が組織としても社会から信頼されるシステムを築き運営していくことが重要になる。

○サービス・ラーニング（service-learning）

　サービス・ラーニングは，一定の期間，地域の実態や要望を踏まえ，学習活動の一環として，地域で一定期間の社会奉仕活動を体験する学習プログラムである。児童生徒が教室で学んできた知識や技術を実際のサービス体験に生かすことと，実際のサービス体験で得たことを児童生徒の学習や進路に生かすことの両面が含まれる。これにより，将来の職業や社会的役割について考える機会になったり，市民として必要な資質・能力が向上したりするなどの効果が期待できる。

●産業社会と人間

　高等学校第三の学科といわれる総合学科における原則履修科目。「職業と生活」「我が国の産業の発展と社会の変化」「進路と自己実現」について，様々な自己啓発的な体験学習や討論などをとおして学習し，自己の在り方生き方について認識を深め，職業の選択決定に必要な能力・態度・将来の職業生活に必要な態度やコミュニケーション能力を育成する科目である。標準単位数は2単位から4単位であり，原則として総合学科の1年次に履修させる。

●ジェンダー教育

　ジェンダーとは，生物学的な性別ではなく社会的・文化的に形成された性役割の区別である。ジェンダー教育とは，学校，家庭，社会あるいはマスメディアなどによって，どのようにジェンダーが形成されていくのか，その結果どのような問題があるのかについて考える教育をさす。

●思考力・判断力・表現力等の育成

　思考力・判断力・表現力等の育成は，活用・探求型の学力を向上させるために必要である。各教科等において，観察・実験やレポートの作成，論述など知識・技能の活用を行う学習活動を充実させ，思考力・判断力・表現力等の育成を図ることが目指されている。

　その具体的な学習活動の例として，①体験から感じ取ったことを表現する，②事実を正確に理解し伝達する，③概念・法則・意図などを解釈し，説明したり活用したりする，④情報を分析・評価し，論述する，⑤課題について構想を立て実践し，評価・改善する，⑥互いの考えを伝え合い，自らの考えや集団の考えを発展させること，などがある。これらの能力の育成は，学校教育法第30条第2項，2017（平成29）年改訂学習指導要領では学習の3つの柱の1つに位置付けられている。

●自己調整学習

　自己調整学習は，「学習者が，メタ認知，動機づけ，行動において自分自身の学習に能動的に関与していること」（ジマーマン）とされる。自己調整学習は，学習目標に対して自分で学習の進み具合をコントロールし，さらに学習を進めるためにはどのようにすべきかを判断し，自らの意欲を高めつつ学習を進めていく学習方法といえる。学習の様々な段階で，自己評価を活用し学習進度の判断や計画立案を有効に行わせるとともに，次なる学習への動機付けや意欲化を図るための方略を用意していくことに特徴がある。

●資質・能力

　2017（平成29）年改訂学習指導要領の目指すところは，コンテンツ・ベースからコンピテンシー・ベースへの転換といわれる。そのコンピテンシーに相当するのが資質・能力である。具体的には，育成すべき資質・能力が次の3つの柱で整理されている。

　①何を知っているか，何ができるか（個別の知識・技能）：各教科等に関する個別の知識や技能などであり，身体的技能や芸術表現のための技能等も含む。②知っていること・できることをどう使うか（思考力・判断力・表現力等）：情報を他者と共有しながら，対話や議論を通じて互いの多様な考え方の共通点や相違点を理解し，相手の考えに共感したり多様な考えを統合したりして，協力しながら問題を解決していくこと。③どのように社会・世界と関わり，よりよい人生を送るか（学びに向かう力，人間性等）：主体的に学習に取り組む態度も含めた学びに向かう力や，自己の感情や行動を統制する能力，自らの思考のプロセス等を客観的に捉える力など。

●シチズンシップ教育（Citizenship Education）

　複雑化する現代社会では，若者が，社会や政治・経済の仕組みを理解し，社会の動きに関心を持ちながら積極的に社会参加を行う能力・態度を育成する教育が求められている。シチズンシップ教育は，社会の一員として地域や社会の課題に対して積極的に関わりつつ，自己実現を行い，他者との適切な関係を築き，よりよい社会づくりに参加していくために，必要な能力を身に付けさせる教育である。

なお、公民教育との違いは、公民科が、政治や経済の仕組みを学習することを主な目的にしているのに対し、シチズンシップ教育では、実際的な社会参加にまで教育活動を行い、より広く社会と関わっていくことにあるとされる。

●社会人基礎力

社会人基礎力とは、職場や地域社会で多様な人々と仕事をしていくために必要とされる基礎的な力である。経済産業省が、2006（平成18）年から社会人基礎力の育成を提唱してきたものである。その内容は、「前に踏み出す力（アクション）」、「考え抜く力（シンキング）」、「チームで働く力（チームワーク）」の3つの能力からなり、それぞれの能力を構成する合計12の能力要素がある。3つの能力を構成する12の能力要素とは、それぞれ、［主体性、働きかけ力、実行力］、［課題発見力、計画力、創造力］、［発信力、傾聴力、柔軟性、状況把握力、規律性、ストレスコントロール力］である。

企業や社会人を取り巻く環境の変化により、従来の基礎学力と専門知識に加えて、それらを活用していくための社会人基礎力を積極的に育成していくことが重要になっている。社会人基礎力は、主に企業の人材採用や大学生の能力育成に生かされているが、教員研修や高校教育においても重視されるようになっている。

●社会に開かれた教育課程

「社会に開かれた教育課程」は、中央教育審議会答申（2016.12.21）で提唱され、2017（平成29）年改訂学習指導要領の理念となった考えであり、児童生徒に将来必要となる力の育成を地域社会との連携及び協働を通じて実現していくことを目指すものである。「社会に開かれた教育課程」の考えは、次の3つの要素から構成されている。
①社会や世界の状況を幅広く視野に入れ、よりよい学校教育を通じてよりよい社会を創るという目標を持ち、教育課程を介してその目標を社会と共有していくこと。
②これからの社会を創り出していく子供たちが、社会や世界に向き合い関わり合い、自らの人生を切り拓いていくために求められる資質・能力とは何かを、教育課程において明確化し育んでいくこと。
③教育課程の実施に当たって、地域の人的・物的資源を活用したり、放課後や土曜日等を活用した社会教育との連携を図ったりし、学校教育を学校内に閉じずに、その目指すところを社会と共有・連携しながら実現させること。

●自由研究

1947（昭和22）年学習指導要領では、学習をより深く進めるために児童の自発的な活動を誘う自由研究の時間が置かれた。同学習指導要領では、自由研究の趣旨を「教科の学習は、いずれも児童の自発的な活動を誘って、これらによって学習がすすめられるようにしていくことを求めている。そういう場合に、児童の個性によっては、その活動が次の活動を生んで、一定の学習時間では、その活動の要求を満足させることができないようになる場合が出て来るだろう。このような場合に、何かの時間をおいて、児童の活動をのばし、学習を深く進めることが望ましいのである。ここに、自由研究の時間のおかれる理由がある」と述べている。

自由研究では、学年を越えて同好のものが集まり、教師・上級生の指導のもとに学習活動が展開された。自由研究の内容、指導時間等は学校の判断に任されていた。1951（昭和26）年学習指導要領では「教科外の活動」（小学校）、「特別教育活動」（中学校）の新設により、自由研究は廃止された。

●習熟度別編成

習熟度別編成とは、学習内容の習熟の程度に応じて、学級や学習集団を編成する方法である。実質的には、能力別編成や学力別編成とほぼ同じであるが、能力別や学力別という言葉が固定的で差別的な意味合いを持つため、習熟度別編成と言われている。

歴史的経緯としては、1978（昭和53）年改訂の高等学校学習指導要領で、学習効果を高める

ための弾力的な編成を行う方法として，数学，英語を中心に取り入れられた。中学校では，1989（平成元）年改訂の学習指導要領で，学習内容を確実に身に付けることができるよう，個に応じた指導方法の工夫改善の1つとして取り入れられた。小学校でも，2002（平成14）年1月に文部科学省が「学びのすすめ」を発表して以来，きめ細かな指導で基礎・基本を確実に習得する方法として，習熟度別の学習集団を取り入れる学校が出ている。

2017（平成29）年改訂の小・中・高等学校学習指導要領では，児童生徒が学習内容を確実に身に付けるために，習熟の程度に応じた学習を取り入れることが示されている。

●主権者教育

今日における主権者教育とは，社会の中で自立し，他者と連携・協働しながら，社会を生き抜く力や地域の課題を解決する力を社会の構成員の一人として主体的に担う力を養うための教育である。主権者教育は，生徒が社会参加するために必要な知識，技能，価値観を身に付ける教育であり，その内容として，市民と政治との関わりを学ぶことが中心となる。その場合，単に政治の仕組みについて必要な知識を習得させるだけでなく，主権者として必要な能力を育みつつ，生徒に地域の良さや愛着の気持ちを育て，地域の振興に参画する活動を取り入れるよう配慮することが重要である。

なお，主権者教育に近い概念として，シチズンシップ教育がある。シチズンシップ教育は，生徒が，市民としての義務と権利を学ぶとともに，生徒の公共意識を育み，市民として十分な役割を果たすことができる力を育成する教育である。主権者教育は，シチズンシップ教育に含まれると考えられる。

●主体的・対話的で深い学び

2017（平成29）年の学習指導要領改訂に際して，当初，アクティブ・ラーニングという用語で説明されていた学習方法は，学習が一面的な活動のみに終始することがないように，「主体的・対話的で深い学び」と表現されるようになった。ここで，「主体的な学び」とは，学ぶことに興味や関心を持ち，自己のキャリア形成の方向性と関連付けながら，見通しを持って粘り強く取り組み，自らの学習活動を振り返って次につなげる学びである。「対話的な学び」とは，児童生徒同士の協働，教師や地域の人との対話，先哲の考え方を手掛かりに考えること等を通じ，自らの考えを広げ深める学びである。そして，「深い学び」とは，習得・活用・探究の見通しの中で，教科等の特質に応じた見方や考え方を働かせて思考・判断・表現し，学習内容の深い理解につなげる学びである。

主体的・対話的で深い学びの実現を目指すためには，生涯にわたって続く学びの本質を捉えながら，授業の工夫・改善を重ねることが重要である。

●消費者教育

学校教育，家庭教育，社会教育のすべてを通じて，児童生徒を自立した消費者として育成することを目指した教育をいう。自立した消費者とは，自身が主体的に設定した生活目標を実現するために，情報収集，商品選択，購入，貯蓄を行うとともに，消費者問題に関する正しい理解と知識を持ち，消費者の権利と役割を自覚することをいう。

●情報教育

情報教育は，児童生徒の情報活用能力の育成を図るものであり，次の3つが目標とされている。
①情報活用の実践力：課題や目的に応じて情報手段を適切に活用することを含めて，必要な情報を主体的に収集・判断・表現・処理・創造し，受け手の状況などを踏まえて発信・伝達できる能力。
②情報の科学的な理解：情報活用の基礎となる情報手段の特性の理解と，情報を適切に扱ったり，自らの情報活用を評価・改善したりするための基礎的な理論や方法の理解。
③情報社会に参画する態度：社会生活の中で情報や情報技術が果たしている役割や及ぼしている影響を理解し，情報モラルの必要性や情報に対する責任について考え，望ましい情報社会の創

造に参画しようとする態度。

◎食育

　子どもたちの健全な心と身体を培い，すべての国民が心身の健康を確保するためには，健全な食生活を実践することができる人間を育てることが求められる。一方で，我が国の社会や経済情勢が変化する中で，国民の食生活においては，栄養の偏り，不規則な食事，肥満や生活習慣病の増加，拒食症など，食に関連する問題も増加している。

　食育は，食生活の基礎としての食に関する知識と食を選択する力を養うための教育である。2003（平成15）年に小泉純一郎首相が施政方針演説で食育を取り上げ，2005（平成17）年7月から食育基本法が施行された。食育基本法第2条では，「食育は，食に関する適切な判断力を養い，生涯にわたって健全な食生活を実現することにより，国民の心身の健康の増進と豊かな人間形成に資することを旨として，行われなければならない」と規定している。

　これにより，農林水産省，厚生労働省，文部科学省をはじめ，国全体として食育に関する取り組みが進んでいる。

◎シラバス

　教科・科目の目標，内容，教材，指導計画，指導方法，評価方法等を記載した計画書をシラバスという。シラバス作成の目的は，教師が授業の計画を明らかにすること，生徒が授業計画と学習内容を確認できること，保護者・地域住民に対する説明責任を果たすことである。シラバスの作成と公開は，生徒・保護者・地域社会からの信頼獲得と，開かれた学校づくりにつながる。

　シラバスの中に，授業担当者からのメッセージとして，「この授業で学習者へ期待すること」などを記すことも学習指導上有効である。シラバスの内容に対しては，学校評価の際に点検し，授業の工夫改善に結び付けることが重要である。

◎人権教育

　一人ひとりが互いに人間として平等であり，人格の尊厳と価値を認め，譲ることのできない権利を持つことへの認識を促す教育をいう。基本的人権，男女の平等と同権などについて理解するとともに，部落差別，性差別，民族差別などの人権問題についても考えるものであり，同和教育よりも広い概念である。

◎STEM教育（ステム：Science, Technology, Engineering and Mathematics）

　STEM教育とは，科学・技術・工学・数学の4分野に関する教育であり，初等教育から高等教育までの広い段階に関して行われる教育の総称である。STEM教育は，科学技術開発に関する国際的な競争力の向上という観点から，アメリカを中心に国家的な教育政策として取り入れられている。

　STEM教育の代表的な例として，理科や算数・数学の時間で行われるプログラミング教育を挙げることができる。プログラミングを取り入れることにより，理科や算数・数学に関する一層有効な問題解決能力を育てることができる。プログラミング教育は，2017（平成29）年改訂学習指導要領で必修化されている。STEMの4分野の教育に力を注ぐことにより，科学技術だけでなくビジネス分野でも通用する国際競争力を育成できると考えられている。最近では，STEMにArtを加えたSTEAMやRoboticsを加えたSTREAMなどのように，概念が拡大している。

◎生活科

　1989（平成元）年改訂の小学校学習指導要領により小学校1・2年の理科・社会を統廃合して新設された教科である。生活科の目標は，「具体的な活動や体験を通して，自分と身近な社会や自然とのかかわりに関心をもち，自分自身や自分の生活について考えさせるとともに，その過程において生活上必要な習慣や技能を身につけさせ，自立への基礎を養う」ことである。

　2017（平成29）年改訂学習指導要領では，内容の取扱いについての配慮事項として，「学習活動を行うに当たっては，コンピュータなどの情報機器について，その特質を踏まえ，児童の発

達の段階や特性及び生活科の特質などに応じて適切に活用するようにすること」,「具体的な活動や体験を行うに当たっては,身近な幼児や高齢者,障害のある児童生徒などの多様な人々と触れ合うことができるようにすること」などが示されている。

●生活単元学習

　子どもの生活経験を中心にした単元学習で,戦後新教育の中で主張された。経験主義教育理論に立ち,系統的な知識体系の学習よりも子どもの生活経験を重視することにより,教科内容を単元学習の立場から再構築していった。

　生活単元学習は,子どもの生活や経験の中に生じた興味や関心,疑問などを中心としてひとまとまりの学習単元を構成する学習の様式をいう。経験と教材の両者を統合して児童の主体的な学習を構成する方法として戦後広まったが,基礎学力の不安や系統的学習への志向が強まるにつれ衰退した。現在,生活科や「総合的な学習の時間」の登場により再評価されている。

●性教育

　性教育の概念は多様であるが,一般的には,性教育とは,性の内容を全人的に捉え,人間一生のライフサイクルにおける発達課題の達成との関わりで性の役割と位置付けを考えていく教育である。

●相関カリキュラム

　教科カリキュラムの一類型であり,複数の教科における共通性を取り上げ,それらの内容を相互に関連を持たせるように編成し指導していくものである。相関カリキュラムでは,あくまで教科の枠を認め,異なる教科における共通の内容や関連する内容を教師の相互連携やT.T.(ティーム・ティーチング)によって相互関連的に指導するものである。

●総合学科

　1993(平成5)年の高等学校設置基準改訂に基づいて設置された新しいタイプの学科である。従来の普通教育を主とする学科と専門教育を主とする学科とに対して,普通教育及び専門教育を選択履修を旨として総合的に施す学科であり,第三の学科として1994(平成6)年度から開設された。総合学科の特徴は,幅広く多様な選択科目,個々の生徒による時間割,単位制,特色ある原則履修科目「産業社会と人間」「課題研究」などである。

　2018(平成30)年改訂高等学校学習指導要領では,総合学科は「単位制による課程」が原則であり,「産業社会と人間」の標準単位数は2～4単位,「産業社会と人間」及び専門教科・科目を25単位以上設け,生徒が多様な各教科・科目から主体的に選択履修できるようにすることとしている。

●Society5.0

　Society 5.0は,我が国が目指すべき社会形態として,内閣府によって,第5期科学技術基本計画(2016.1.22)の中で次のように示された。それは,「サイバー空間(仮想空間)とフィジカル空間(現実空間)を高度に融合させたシステムにより,経済発展と社会的課題の解決を両立する,人間中心の社会(Society)」である。これは,「狩猟社会(Society 1.0)、農耕社会(Society 2.0)、工業社会(Society 3.0)、情報社会(Society 4.0)に続く、新たな社会を指すもので、第5期科学技術基本計画において我が国が目指すべき未来社会の姿として初めて提唱」されたものである。

　また、文部科学省の第3期教育振興基本計画では、2030年以降の社会を展望して、超スマート社会(Society 5.0)の実現に向けた技術革新が進展する中、人生100年時代を豊かに生きていくために、人づくり革命及び生産性革命の一環として、若年期の教育、生涯にわたる学習や能力向上が教育政策の重点事項の1つであるとしている。

○大学入学共通テスト

高大接続システム改革会議「最終報告」(2016.3.31) を踏まえ、文部科学省は、大学入試センター試験に代わるテストとして、2021（令和3）年1月に大学入学共通テストを実施するとした。大学入学共通テストでは、マークシート式問題については、知識の一層深い理解と思考力・判断力・表現力を重視した出題とし、加えて記述式問題も導入する。さらに、英語4技能評価に関する民間の資格・検定試験の活用などを行うこととしている。

○タイラーの原理

タイラーの原理とは、アメリカにおけるカリキュラム研究の枠組みを形作ったタイラーの業績をまとめたものである。タイラーの原理を簡単に示せば、教育哲学と発達心理学に基づき教育目的を定め、この教育目的を行動として示した教育目標を設定し、それを教育評価の基準として、カリキュラムと教育目標の改善のために評価を行うという方法である。タイラーの原理では、教育目標は、社会生活での意義、学習者の発達段階、教育内容の3つの要素を基本とし、さらに、理想とする子ども像と学習の条件を考慮して定められる。

タイラーの原理の意義は、教育目的の測定可能性を明確にしたことであり、学力の測定に関心のあった従来の評価観に対して、カリキュラムを改善するための情報を得るという評価観を打ち出したことである。

○確かな学力

文部科学省による「確かな学力」とは、「知識や技能に加え、学ぶ意欲や自分で課題を見付け、自ら学び、主体的に判断し、行動し、問題を解決する資質や能力」である。「生きる力」は、「確かな学力」、「豊かな人間性」、「健康と体力」の3つの要素からなる。

文部科学省は、2003（平成15）年度に学力向上アクションプランを策定し、①個に応じた指導の充実、②学力の質の向上、③個性・能力の伸長、④英語力・国語力の増進を目標に掲げるとともに、学習指導要領を一部改正した。これにより、学習指導要領は、教えるべき最低基準（ミニマム・エッセンシャルズ）という考えを文部科学省が示し、「ゆとり教育」は終焉を迎えた。

○単位制高等学校

単位制高等学校は、学年制に基づいた教育課程の区分に従って進級または卒業する仕組みではなく、在学中の期間に所定の単位を修得して卒業資格の認定を行う仕組みを持った高等学校である。単位制高等学校は、1985（昭和60）年6月の臨時教育審議会第一次答申において、高等学校改革の一環として制度化が提言された。当初は1988（昭和63）年度から定時制または通信制の課程の特別な形態のものとして導入された。1993（平成5）年度からは、全日制課程についても単位制高等学校の設置が可能となっている。

単位制高等学校では、多様な選択科目を開設し、生徒の能力・適性、進路希望等に応じた教育を行っている。学期の区分ごとの単位認定の方法を取り入れるなど、入学前に他の高等学校で修得した教科・科目の単位や高等学校卒業程度認定試験の合格科目などについても、一定の条件のもとに卒業単位に加えることが可能となっている。

○地域学習

地域学習は郷土学習とほぼ同義であり、戦後しばらくは郷土学習という言葉が使われていたが、郷土という言葉が心情的な響きを持つことから、地域学習という言葉が使われるようになった。地域の概念には、ある一定の区域が同じような性質を持っている等質地域、異なった区域が中心的存在によって統一されている結節地域、都道府県・市町村などを1つの地域と考える形式地域がある。地域学習は、地域を学習することであり、教科としては社会科が中心的な役割を担ってきた。

○デジタル教科書

デジタル教科書は、教育の情報化に対応し、主体的・対話的で深い学びの視点からの授業改善

のため，コンピューターやネットワーク，アプリケーションソフトなどを利用した教材をタブレット端末などを通して学ぶ学習教材である。学校教育法の改正（2018.5.25）により，学校教育におけるデジタル教材の利用が可能になった。

学校教育法第34条　小学校においては，文部科学大臣の検定を経た教科用図書又は文部科学省が著作の名義を有する教科用図書を使用しなければならない。
②　前項に規定する教科用図書（以下この条において「教科用図書」という。）の内容を文部科学大臣の定めるところにより記録した電磁的記録（電子的方式，磁気的方式その他人の知覚によつては認識することができない方式で作られる記録であつて，電子計算機による情報処理の用に供されるものをいう。）である教材がある場合には，同項の規定にかかわらず，文部科学大臣の定めるところにより，児童の教育の充実を図るため必要があると認められる教育課程の一部において，教科用図書に代えて当該教材を使用することができる。（中学校，高等学校等にも準用）

●同和教育

我が国における封建的身分制度の遺制である部落差別を解消するための教育をいう。差別する側の偏見や差別意識，ものの見方，考え方の変革を促すとともに，差別を許さない人権意識の涵養が必要になる。同和対策事業特別措置法（1969（昭和44）年，以後は地域改善対策特別措置法，地対財特法），人権教育及び人権啓発の推進に関する法律（2000（平成12）年）により同和教育行政の取り組みが進展した。

●特別活動の名称変化

特別活動の原型として，1947（昭和22）年の学習指導要領一般編（試案）で，小・中・高等学校に「自由研究」が置かれた。「自由研究」は，教科の扱いであり，児童生徒の興味と能力に応じた自由な学習やクラブ活動，当番や学級委員としての仕事などが含まれていた。1951（昭和26）年の改訂で「自由研究」は廃止され，小学校は「教科以外の活動」，中学校・高等学校は「特別教育活動」として開設された。1958（昭和33）年の改訂（高等学校は1960（昭和35）年）では，小・中・高等学校すべて「特別教育活動」に名称が統一された。

1969（昭和44）年の改訂（高等学校は1970（昭和45）年）では，小・中学校は特別教育活動と学校行事を合わせて「特別活動」に，高等学校は「各教科以外の教育活動」に変更された。このとき，クラブ活動が新設された。そして，1977（昭和52）年の改訂で再び小・中・高等学校ともに名称が統一され，「特別活動」として，以後，この名称が続いている。なお，中・高等学校のクラブ活動は，1998（平成10）年の改訂で廃止された。

●読解力（PISA型読解力）

2008（平成20）年の学習指導要領改訂にあたって，学力の基本としての国語力重視の方向が強まったことにより，読解力への関心が高まっている。2003年PISA調査で，「総合読解力」の問題に対する我が国高校1年生の平均点が低下していることも判明した。

なお，PISA調査における読解力は，「自らの目標を達成し，自らの知識と可能性を発達させ，効果的に社会に参加するために，書かれたテキストを理解し，利用し，熟考する能力」と定義されている。

読解力を向上させるために，授業の改善や読書活動の支援をはじめ，国語科を含め各教科における資料活用と解釈・分析能力を向上させることが必要になる。

●トピック学習

トピック学習は，一人ひとりの子どもの興味関心を尊重し，教科の枠を超えたテーマについて，様々な角度から学習する方法である。特に，理科と社会科の学習を軸とし，1つのテーマについて多面的な学習活動を展開するものである。トピック学習では，子どもの自発性と創造性，興味関心の持続が重視される。トピック学習の実施にあたっては，カリキュラムの中で，既存の教科の学習とトピック学習とが相互関連性を持つことが重要になる。

歴史的には，1970年代からイギリスで，教科の枠を越えたテーマを生徒の興味関心に基づき主体的に学習させる方法として行われてきた。今日，我が国でも総合的な学習の時間が創設され，トピック学習の方法理論が注目されている。

●21世紀型スキル

　21世紀型スキルは，社会のIT化で業務の専門化や複雑化が進む中，グローバルIT企業や国際機関の支援による検討チームが明確にしてきたスキルである。コミュニケーション能力，創造力，分析力，柔軟性，問題解決力，チームビルディング能力，傾聴力等が重視されている。ATC21S（21世紀型スキルの学びと評価プロジェクト）は，21世紀型スキルとして次の4領域10スキルを挙げている。
（1）思考の方法：①創造力とイノベーション，②批判的思考・問題解決・意思決定，③学びの学習・メタ認知（認知プロセスに関する知識）
（2）仕事の方法：④情報リテラシー，⑤情報通信技術に関するリテラシー（ICTリテラシー）
（3）仕事のツール：⑥コミュニケーション，⑦コラボレーション（チームワーク）
（4）社会生活：⑧地域と国際社会での市民性，⑨人生とキャリア設計，⑩個人と社会における責任（文化的差異の認識および受容能力を含む）

●パフォーマンス評価

　パフォーマンス評価とは，児童生徒に予め与えたパフォーマンス課題に対して，適切な観点を設定して評価する方法である。パフォーマンス課題とは，児童生徒が様々な知識やスキルを総合的に活用して取り組む課題であり，静的なものとしてはレポートや作品，動的なものとしてはプレゼンテーションや実演などがある。パフォーマンス評価では，知識や理解力を問うテストでは測ることが困難な思考力・判断力・表現力を可視化し，評価することができる。パフォーマンス評価を行うには，ルーブリック（rubric：評価指標）を利用することが多い。

●反転授業

　ICTの活用が進めば，動画化した授業を予め自宅で学習しておくことが可能になる。自宅でパソコンやタブレットを利用して，授業動画を見て基礎的知識を予習として学び，学校では，予習で抱いた疑問や討論，発展問題や応用問題などを行う学習を反転授業という。通常は，授業を受けてから知識・内容を知るのに対して，授業の前に知識・内容を知っていることから，反転と呼ばれる。
　反転授業では，児童生徒が持っている知識をどのように生かすかに重点が置かれるため，知識活用型の授業に適している。また，児童生徒同士の学び合いや教え合いに時間をかけることができ，問題解決型の授業を充実させることができる。高度な情報通新社会が進展してきたことにより，インターネットが普及し，タブレットやデジタル教材の活用が進んでいる。2017（平成29）年改訂学習指導要領が目指すコンピテンシー・ベースの学習の趣旨を実現する上でも，今後，反転授業が広く取り入れられていくと考えられる。

●非違行為

　公務員は，全体の奉仕者として，公共の利益のために勤務していることから，一般社会人以上に厳しい行為規範が要求される。特に，児童生徒の教育に携わる教育公務員は，他の公務員に比べてより高い倫理観が要求される。児童生徒の個人情報や家庭の情報を扱うことも多いため，情報の管理には十分に注意しなければならない。地方公務員法では，次のように定めている。
第33条（信用失墜行為の禁止）職員は，その職の信用を傷つけ，又は職員の職全体の不名誉となるような行為をしてはならない。
第34条（秘密を守る義務）職員は，職務上知り得た秘密を漏らしてはならない。その職を退いた後も，また，同様とする。
2　法令による証人，鑑定人等となり，職務上の秘密に属する事項を発表する場合においては，任命権者（退職者については，その退職した職又はこれに相当する職に係る任命権者）の許可

を受けなければならない。
3　前項の許可は，法律に特別の定がある場合を除く外，拒むことができない。

◉PISA（Programme for International Student Assessment）

　PISAは，OECDが実施している義務教育を終了した段階（15歳，日本では高校1年生）での問題解決能力を測る学習到達度調査である。読解力，数学知識，科学知識のリテラシー，問題解決などの力を調査している。第1回調査が2000（平成12）年に実施され，以後3年毎に調査が行われている。アンケート方式による生徒・学校情報の収集も同時に行われている。

◉PISA型読解力

　PISAでは，単なる読み取りの能力ではなく，次のような特徴を持つ学力を読解力としている。PISA型読解力の定義は，「自らの目標を達成し，自らの知識と可能性を発達させ，効果的に社会に参加するために，書かれたテキストを理解し，利用し，熟考する能力」である。
　PISA型読解力では，文章のような「連続型テキスト」だけでなく，図表のような「非連続型テキスト」をも対象とし，これらを様々な状況に関連付けて組み立てたり，意味を理解したりすることをねらいとしている。PISA型読解力の程度を評価する際には，文章や資料から「情報を取り出す」力をはじめ，書かれた情報を自らの知識や経験に位置付けて理解する「解釈」する力，それを評価したり批判したりする「熟考・評価」する力が観点として設定されている。また，それらの力に基づいて自分の考えを記述する「論述」の力も含まれている。

◉PDCA

　PDCAは，学校経営におけるPlan（計画）→Do（実施）→Check（点検）→Action（改善）の組織マネジメント・サイクルである。学校経営のプロセスが継続的なフィードバックと改善につながることを意図したサイクルである。
　このサイクルは，一般的にカリキュラム経営にもあてはまる。つまり，Planの段階は，カリキュラム目標の設定・計画・企画である。Doの段階は，カリキュラムの実施である。Checkの段階は，カリキュラムの点検とカリキュラム評価を行うことである。Actionの段階は，カリキュラムの修正と改善であり，Checkの結果を次のPlanへ結び付けるものである。
　PDCAは，単なるプロセスではなく，カリキュラム経営にフィードバックの仕組みを取り入れることにより教師の主体性と創造性を発揮するためのシステムである。

◉標準授業時数・標準単位数

　学校教育法施行規則及び学習指導要領で定められた各教科・道徳・特別活動などの年間の授業時数の標準をいう。1989（平成元）年の学習指導要領までは，年間標準授業時数は35（1年生は34）の倍数で示されていた。これは，1年間を35週（1年生は34週）で計算することに基づいていたためである。1998（平成10）年の学習指導要領からは，必ずしも35の倍数とはなっていない。
　また，授業の1単位時間は，各学校において，各教科等の年間授業時数を確保しつつ，児童生徒の発達段階及び各教科等や学習活動の特質を考慮して適切に定めることができるようになった。したがって，年間授業時数が確保できるのであれば，1単位時間を必ずしも45分（小学校）や50分（中学校）で実施する必要がなくなった。2017（平成29）年改訂小学校学習指導要領では，「各教科等のそれぞれの授業の1単位時間は，各学校において，各教科等の年間授業時数を確保しつつ，児童の発達の段階及び各教科等や学習活動の特質を考慮して適切に定めること」とされている。
　高等学校の場合は，1単位時間を50分とし，35単位時間の授業を1単位として計算することを標準としている。学習指導要領総則で，各教科・科目及び総合的な探究の時間の標準単位数が定められている。卒業までに修得しなければならない単位数は，74単位以上である。

◉福祉教育

　社会福祉への関心と理解を意図的に図り，福祉活動への自発的参加の意欲を醸成する教育をいう。健常者と障害者，幼児・児童と成人，若者と高齢者とが同じ環境条件の下で差別なく相互に

援助できるような生活をするという意味のノーマライゼーション normalization の福祉思想を基底とする。

　福祉に関する活動や探求は，2017（平成29）年改訂学習指導要領（高等学校は2018（平成30）年改訂）においても，総合的な学習の時間（高等学校：総合的な探求の時間）のテーマの1つとして取り上げられている。

○プログラミング教育

　学校では，ICTをツールとして利用し，各教科等の学習内容を深めたり児童生徒の問題解決能力を育成したりするために活用している。プログラミング教育とは，コンピュータを利用して，問題解決の手順を論理的に示すアルゴリズムやプログラミングを行う学習に関する教育をいう。社会におけるビッグデータ，人工知能，ロボット，センサー等の活用と技術的発達により，学校教育におけるICT活用能力の育成が急務になっている。

　プログラミング教育では，プログラミングの技術を学ぶだけでなく，プログラミングを通して，論理的思考力を身に付けることが重視される。2017（平成29）年改訂の学習指導要領では，児童生徒がプログラミングを体験しながら，コンピュータに意図した処理を行わせるために必要な論理的思考力を身に付けるための学習活動を各教科等の特質に応じて計画的に実施することを求めている。プログラミング教育は，小学校で2020（令和2）年度から，中学校で2021（令和3）年度から開始される。

○プログラミング的思考

　プログラミング的思考とは，自分が意図する一連の活動を実現するために，どのような動きの組合せが必要であり，1つ1つの動きに対応した記号を，どのように組み合わせたら良いのか，記号の組合せをどのように改善していけば，より意図した活動に近づくのか，といったことを論理的に考えていく思考方法である。

○プロジェクト・メソッド

　プロジェクト・メソッドとは，学習課題に対して，学習者が自発的に企画，計画，実行することにより，課題の遂行能力や知識，理解，技術などの能力の獲得を目指す学習方法である。子ども自らが，学習の目的を立て，学習遂行のための具体的な計画を立て，実際に遂行し，結果を反省的に考察するというプロセスで展開される。教師は，適切なテーマや問題の設定がなされているかを判断し，計画や活動に必要な条件を整え，学習者の相談に応ずるなどの支援を行う。プロジェクト・メソッドは，一定の基礎・基本の学習をした後，学習成果を総合・応用・発展させる時期に取り入れることで，効果が上がる方法である。

　歴史的には，プロジェクト・メソッドは，1920年代のアメリカにおける進歩主義の代表的な方法論であり，わが国にも影響を与えた。プロジェクト・メソッドは，今日でも夏休みの自由研究や家庭科のホーム・プロジェクトなどにその継承的形態を見ることができる。このような歴史を持つプロジェクト・メソッドは，探求型の学習やアクティブ・ラーニングの方法の一環として現在も重視されている。

○防災教育

　学校では，児童生徒が学校生活をする上で学校内の安全に対する意識を高めるとともに，社会生活をする上での安全や防災に関する意識を高めることが必要である。防災教育の内容としては，防災に関する様々な訓練をはじめ，地震・火災等に関する学習，自らの生命を守るための知識と技術の習得などが挙げられる。

　特に，1995（平成7）年1月に発生した阪神・淡路大震災に対する反省的教訓から，災害を現実のものとしてとらえた危機管理や避難の実践的プログラムがつくられるようになった。そして，2011（平成23）年3月11日に発生した東日本大震災，2016（平成28）年4月14日の熊本地震，2018（平成30）年6月18日の大阪府北部地震など地震災害のほか，2014（平成26）年7月～8月の広島豪雨，2015（平成27）年9月の関東・東北豪雨，2017（平成29）年7月の九州北部豪

雨などの災害が相次いでおり，防災教育とその後に行う復興教育の重要性が高まっている。
　2017（平成29）年改訂の小学校学習指導要領社会科では，思考力，判断力，表現力等を身に付けるために，「災害の種類や発生の位置や時期，防災対策などに着目して，国土の自然災害の状況を捉え，自然条件との関連を考え，表現すること」が示されている。

●ポートフォリオ評価

　ポートフォリオには，折りかばんやそこに入れた絵や写真集という意味がある。学習活動の記録・成果・ふり返り，自己評価や相互評価，知識の理解度を確かめるために実施したテストなどを日付順にファイルしておくことである。ポートフォリオ評価では，一連の学習活動の中で児童生徒自身が様々な仕方で評価の方法を学習することを重視する。総合的な学習で養われる関心・意欲・態度，問題発見・解決，創造性など多様な能力は，学習の変容を見るポートフォリオ評価が有効である。

●ボランティア教育

　ボランティアとは，市民一人ひとりが主体となって行う，自発性や自由意思をもとにした社会参加活動である。児童生徒がそうしたボランティア体験をとおして，ボランティア活動の意義や社会の様々な問題に対する理解と関心を深め，主体的に関わろうとする態度を養う教育をいう。特に，1995（平成7）年1月17日に起きた阪神・淡路大震災に多くのボランティアが協力し，ボランティア教育に対する関心が集まっている。

●学びの基礎診断

　高大接続システム改革会議「最終報告」（2016.3.31）で，「高等学校基礎学力テスト」の導入が提言され，2019（平成31）年度から「高校生のための学びの基礎診断」という名称でスタートした。「高校生のための学びの基礎診断」は，高等学校段階における基礎学力の定着度を測定するために，文部科学省が認定した民間の検定試験等を高校生が受験するものである。
　「高校生のための学びの基礎診断」には，義務教育段階の学習内容の定着度を測定することを重視した「基本タイプ」と，高校段階の共通必履修科目の学習内容の定着度を測定することを重視した「標準タイプ」がある。対象教科は当面，国語・数学・英語の3教科としている。

●ミッション

　ミッションとは，本来，使命，目的，任務，存在意義などの意味であるが，特に，学校などの公的機関が，どのような社会的使命を果たすべきかを問う場合に使われる言葉である。最近，学校が地域社会に対するアカウンタビリティ（説明責任）を果たすために，自己責任を明確化する方向が強まってきた。それにより，学校がどのような社会的使命を自覚しそれを教育活動に具現化しているかが問われる訳である。
　したがって，カリキュラム開発の根底には，学校が果たさなければならない社会的使命をどのように教育内容へ具現化するかという課題がある。今後，各学校は，こうした根底的課題を自覚化し，ステイクホルダー（地域住民等の利害関係者）に対して，ミッションを果たしていくことが求められる。

●モジュール学習

　モジュールは，学習の小単位を意味する言葉である。モジュール学習は，小単位の学習を柔軟に組み合わせ児童生徒のニーズに応じた学習を実現することにより，学習の個別化・個性化をねらいとする学習である。
　1998（平成10）年改訂の学習指導要領によって，1単位時間の弾力的運用が進み，20分や25分などの短時間学習を時間割に組み入れる方法が広く行われるようになった。モジュール学習を継続して実施することによって，年間の学習量を確保することが可能であり，児童生徒の主体的・自主的学習態度の育成及び個性の伸長を図るものである。

●問題解決学習
（Problem-Solving-Learning，または，Project-Based Learning：PBL）

　問題解決学習の理論的基盤は，デューイの「生活との関連において学ぶ」「経験から学ぶ」「為すことによって学ぶ（learning by doing）」という経験主義的教育論に求められる。

　課題解決学習は，知識の体系を重視しながら問題解決学習の方法を取り入れた学習の形態である。特定の課題を様々な角度から追究したり，問題解決の遂行，創造活動などを行ったりする学習である。歴史的には戦後，系統学習と問題解決学習の対立点を克服するものとして課題解決学習が提起された。

　問題解決学習が，児童生徒が自らの興味関心に基づいてテーマを決定し追究することを基本とするのに対して，課題解決学習では，教師が学習目的遂行のために設定したテーマについて学習する方式である。これは，「はいまわる経験主義」と批判された問題解決学習の活動主義的な方法に対して，系統的知識の学習を重視した方法として取り入れられたものである。

●融合カリキュラム

　複数の教科における共通する要素や関連する内容を取り出して，教科の枠をはずしてそれらを融合し，新しい教科や領域を編成したカリキュラムをいう。多教科並列カリキュラムから広領域カリキュラムへの過渡的な段階にある形態として把握される。カリキュラムを大別すると，経験カリキュラムと教科カリキュラムとがあるが，融合カリキュラムは教科カリキュラムのほうにあたる。

●ユニバーサルデザイン

　すべての人を対象に，より使いやすいデザインや使い方を提供する方法をいう。ユニバーサルデザインが，障害者のみならずすべての人を対象とし個人差や国籍の違いなどにも配慮する考えであるのに対し，バリアフリーは障害者・高齢者などの生活弱者を対象にしている。

●螺旋型カリキュラム

　同様の教育内容が，その内容を深めながら上級の学年で繰り返されるカリキュラムをいう。教科における基本概念の構造を習得するために，それらの連続的な発展性を重視した学習を行うためのカリキュラムである。スパイラル・カリキュラムともいう。

　ブルーナーは，螺旋型カリキュラムを教科の構造と子どもの認知的発達に対応したものとして重視した。ブルーナーは，子どもの認知的発達は直線的に発達するのではなく，各段階を螺旋的に発達すると考え，それを反映したカリキュラムの構造が重要であることを主張した。1960年代に起こった教育内容の現代化運動の中で提唱された学問中心カリキュラムの一形態である。

●ルーブリック（Rubric：評価指標）

　ルーブリックは，授業における学習の達成度を判断するために使う評価基準表であり，評価の判断基準を幾つかの観点の記述と段階的な尺度とで示したものである。ルーブリックは，一方の軸に達成の度合いを示す段階的な基準を示し，他方の軸に評価の観点を示したマトリックス表を用いて評価する。マトリックスの各セルには，観点ごとに達成する基準の程度を表現する簡潔な文章を予め記しておく。ルーブリックは，授業や特別活動において，児童生徒の表現や成果物を評価するためのパフォーマンス評価を行う際に利用される。

　校内研修で，教師が協働してルーブリックを作成すれば，児童生徒の学習の問題を共有化したり，学習状況の判断力を共通して高めたりすることができる。複数の教師が評価基準を共通理解する上でも，ルーブリック作成を校内研修で行うことが有効である。

教育基本法

平成18年12月22日
法律第120号

　我々日本国民は、たゆまぬ努力によって築いてきた民主的で文化的な国家を更に発展させるとともに、世界の平和と人類の福祉の向上に貢献することを願うものである。
　我々は、この理想を実現するため、個人の尊厳を重んじ、真理と正義を希求し、公共の精神を尊び、豊かな人間性と創造性を備えた人間の育成を期するとともに、伝統を継承し、新しい文化の創造を目指す教育を推進する。
　ここに、我々は、日本国憲法の精神にのっとり、我が国の未来を切り拓く教育の基本を確立し、その振興を図るため、この法律を制定する。

第1章　教育の目的及び理念

（教育の目的）
第1条　教育は、人格の完成を目指し、平和で民主的な国家及び社会の形成者として必要な資質を備えた心身ともに健康な国民の育成を期して行われなければならない。

（教育の目標）
第2条　教育は、その目的を実現するため、学問の自由を尊重しつつ、次に掲げる目標を達成するよう行われるものとする。
　一　幅広い知識と教養を身に付け、真理を求める態度を養い、豊かな情操と道徳心を培うとともに、健やかな身体を養うこと。
　二　個人の価値を尊重して、その能力を伸ばし、創造性を培い、自主及び自律の精神を養うとともに、職業及び生活との関連を重視し、勤労を重んずる態度を養うこと。
　三　正義と責任、男女の平等、自他の敬愛と協力を重んずるとともに、公共の精神に基づき、主体的に社会の形成に参画し、その発展に寄与する態度を養うこと。
　四　生命を尊び、自然を大切にし、環境の保全に寄与する態度を養うこと。
　五　伝統と文化を尊重し、それらをはぐくんできた我が国と郷土を愛するとともに、他国を尊重し、国際社会の平和と発展に寄与する態度を養うこと。

（生涯学習の理念）
第3条　国民一人一人が、自己の人格を磨き、豊かな人生を送ることができるよう、その生涯にわたって、あらゆる機会に、あらゆる場所において学習することができ、その成果を適切に生かすことのできる社会の実現が図られなければならない。

（教育の機会均等）
第4条　すべて国民は、ひとしく、その能力に応じた教育を受ける機会を与えられなければならず、人種、信条、性別、社会的身分、経済的地位又は門地によって、教育上差別されない。
2　国及び地方公共団体は、障害のある者が、その障害の状態に応じ、十分な教育を受けられるよう、教育上必要な支援を講じなければならない。
3　国及び地方公共団体は、能力があるにもかかわらず、経済的理由によって修学が困難な者に対して、奨学の措置を講じなければならない。

第2章　教育の実施に関する基本

（義務教育）
第5条　国民は、その保護する子に、別に法律で定めるところにより、普通教育を受けさせる義務を負う。
2　義務教育として行われる普通教育は、各個人の有する能力を伸ばしつつ社会において自立的に生きる基礎を培い、また、国家及び社会の形成者として必要とされる基本的な資質を養うことを目的として行われるものとする。
3　国及び地方公共団体は、義務教育の機会を保障し、その水準を確保するため、適切な役割分担及び相互の協力の下、その実施に責任を負う。
4　国又は地方公共団体の設置する学校における義務教育については、授業料を徴収しない。

（学校教育）
第6条　法律に定める学校は、公の性質を有するものであって、国、地方公共団体及び法律に定める法人のみが、これを設置することができる。
2　前項の学校においては、教育の目標が達成されるよう、教育を受ける者の心身の発達に応じて、体系的な教育が組織的に行われなければならない。この場合において、教育を受ける者が、学校生活を営む上で必要な規律を重んずるとともに、自ら進んで学習に取り組む意欲を高

めることを重視して行われなければならない。
　（大学）
第7条　大学は、学術の中心として、高い教養と専門的能力を培うとともに、深く真理を探究して新たな知見を創造し、これらの成果を広く社会に提供することにより、社会の発展に寄与するものとする。
2　大学については、自主性、自律性その他の大学における教育及び研究の特性が尊重されなければならない。
　（私立学校）
第8条　私立学校の有する公の性質及び学校教育において果たす重要な役割にかんがみ、国及び地方公共団体は、その自主性を尊重しつつ、助成その他の適当な方法によって私立学校教育の振興に努めなければならない。
　（教員）
第9条　法律に定める学校の教員は、自己の崇高な使命を深く自覚し、絶えず研究と修養に励み、その職責の遂行に努めなければならない。
2　前項の教員については、その使命と職責の重要性にかんがみ、その身分は尊重され、待遇の適正が期せられるとともに、養成と研修の充実が図られなければならない。
　（家庭教育）
第10条　父母その他の保護者は、子の教育について第一義的責任を有するものであって、生活のために必要な習慣を身に付けさせるとともに、自立心を育成し、心身の調和のとれた発達を図るよう努めるものとする。
2　国及び地方公共団体は、家庭教育の自主性を尊重しつつ、保護者に対する学習の機会及び情報の提供その他の家庭教育を支援するために必要な施策を講ずるよう努めなければならない。
　（幼児期の教育）
第11条　幼児期の教育は、生涯にわたる人格形成の基礎を培う重要なものであることにかんがみ、国及び地方公共団体は、幼児の健やかな成長に資する良好な環境の整備その他適当な方法によって、その振興に努めなければならない。
　（社会教育）
第12条　個人の要望や社会の要請にこたえ、社会において行われる教育は、国及び地方公共団体によって奨励されなければならない。
2　国及び地方公共団体は、図書館、博物館、公民館その他の社会教育施設の設置、学校の施設の利用、学習の機会及び情報の提供その他の適当な方法によって社会教育の振興に努めなければならない。
　（学校、家庭及び地域住民等の相互の連携協力）
第13条　学校、家庭及び地域住民その他の関係者は、教育におけるそれぞれの役割と責任を自覚するとともに、相互の連携及び協力に努めるものとする。
　（政治教育）
第14条　良識ある公民として必要な政治的教養は、教育上尊重されなければならない。
2　法律に定める学校は、特定の政党を支持し、又はこれに反対するための政治教育その他政治的活動をしてはならない。
　（宗教教育）
第15条　宗教に関する寛容の態度、宗教に関する一般的な教養及び宗教の社会生活における地位は、教育上尊重されなければならない。
2　国及び地方公共団体が設置する学校は、特定の宗教のための宗教教育その他宗教的活動をしてはならない。

第3章　教育行政
　（教育行政）
第16条　教育は、不当な支配に服することなく、この法律及び他の法律の定めるところにより行われるべきものであり、教育行政は、国と地方公共団体との適切な役割分担及び相互の協力の下、公正かつ適正に行われなければならない。
2　国は、全国的な教育の機会均等と教育水準の維持向上を図るため、教育に関する施策を総合的に策定し、実施しなければならない。
3　地方公共団体は、その地域における教育の振興を図るため、その実情に応じた教育に関する施策を策定し、実施しなければならない。
4　国及び地方公共団体は、教育が円滑かつ継続的に実施されるよう、必要な財政上の措置を講じなければならない。
　（教育振興基本計画）
第17条　政府は、教育の振興に関する施策の総合的かつ計画的な推進を図るため、教育の振興に関する施策についての基本的な方針及び講ずべき施策その他必要な事項について、基本的な計画を定め、これを国会に報告するとともに、公表しなければならない。

2　地方公共団体は、前項の計画を参酌し、その地域の実情に応じ、当該地方公共団体における教育の振興のための施策に関する基本的な計画を定めるよう努めなければならない。

第4章　法令の制定
第18条　この法律に規定する諸条項を実施するため、必要な法令が制定されなければならない。
　　　附　則（抄）
　（施行期日）
1　この法律は、公布の日から施行する。

学校教育法（抄）

昭和22年3月31日
法律第26号
最終改正　令和元年6月26日法律第44号

第1章　総則
〔学校の範囲〕
第1条　この法律で、学校とは、幼稚園、小学校、中学校、義務教育学校、高等学校、中等教育学校、特別支援学校、大学及び高等専門学校とする。
〔学校の設置者〕
第2条　学校は、国（国立大学法人法（平成15年法律第112号）第2条第1項に規定する国立大学法人及び独立行政法人国立高等専門学校機構を含む。以下同じ。）、地方公共団体（地方独立行政法人法（平成15年法律第118号）第68条第1項に規定する公立大学法人（以下「公立大学法人」という。）を含む。次項及び第127条において同じ。）及び私立学校法（昭和24年法律第270号）第3条に規定する学校法人（以下「学校法人」という。）のみが、これを設置することができる。
②　〔略〕
〔授業料の徴収〕
第6条　学校においては、授業料を徴収することができる。ただし、国立又は公立の小学校及び中学校、義務教育学校、中等教育学校の前期課程又は特別支援学校の小学部及び中学部における義務教育については、これを徴収することができない。
〔校長・教員〕
第7条　学校には、校長及び相当数の教員を置かなければならない。
〔校長・教員の欠格事由〕
第9条　次の各号のいずれかに該当する者は、校長又は教員となることができない。
一　禁錮以上の刑に処せられた者
二　教育職員免許法第10条第1項第2号又は第3号に該当することにより免許状がその効力を失い、当該失効の日から3年を経過しない者
三　教育職員免許法第11条第1項から第3項までの規定により免許状取上げの処分を受け、3年を経過しない者
四　日本国憲法施行の日〔昭和22年5月3日〕以後において、日本国憲法又はその下に成立した政府を暴力で破壊することを主張する政党その他の団体を結成し、又はこれに加入した者
〔児童・生徒等の懲戒〕
第11条　校長及び教員は、教育上必要があると認めるときは、文部科学大臣の定めるところにより、児童、生徒及び学生に懲戒を加えることができる。ただし、体罰を加えることはできない。
〔健康診断等〕
第12条　学校においては、別に法律で定めるところにより、幼児、児童、生徒及び学生並びに職員の健康の保持増進を図るため、健康診断を行い、その他その保健に必要な措置を講じなければならない。

第2章　義務教育
〔義務教育年限〕
第16条　保護者（〔略〕をいう。以下同じ。）は、次条に定めるところにより、子に9年の普通教育を受けさせる義務を負う。
〔就学させる義務〕
第17条　保護者は、子の満6歳に達した日の翌日以後における最初の学年の初めから、満12歳に達した日の属する学年の終わりまで、これを小学校、義務教育学校の前期課程又は特別支援学校の小学部に就学させる義務を負う。ただし、子が、満12歳に達した日の属する学年の終わりまでに小学校の課程、義務教育学校の前期課程

又は特別支援学校の小学部の課程を修了しないときは、満15歳に達した日の属する学年の終わり（それまでの間においてこれらの課程を修了したときは、その修了した日の属する学年の終わり）までとする。
② 保護者は、子が小学校の課程、義務教育学校の前期課程又は特別支援学校の小学部の課程を修了した日の翌日以後における最初の学年の初めから、満15歳に達した日の属する学年の終わりまで、これを中学校、義務教育学校の後期課程、中等教育学校の前期課程又は特別支援学校の中学部に就学させる義務を負う。
③ 〔略〕

〔病弱等による就学義務の猶予・免除〕
第18条 前条第1項又は第2項の規定によつて、保護者が就学させなければならない子（以下それぞれ「学齢児童」又は「学齢生徒」という。）で、病弱、発育不完全その他やむを得ない事由のため、就学困難と認められる者の保護者に対しては、市町村の教育委員会は、文部科学大臣の定めるところにより、同条第1項又は第2項の義務を猶予又は免除することができる。

〔経済的就学困難への援助義務〕
第19条 経済的理由によつて、就学困難と認められる学齢児童又は学齢生徒の保護者に対しては、市町村は、必要な援助を与えなければならない。

〔義務教育の目標〕
第21条 義務教育として行われる普通教育は、教育基本法（〔略〕）第5条第2項に規定する目的を実現するため、次に掲げる目標を達成するよう行われるものとする。
一 学校内外における社会的活動を促進し、自主、自律及び協同の精神、規範意識、公正な判断力並びに公共の精神に基づき主体的に社会の形成に参画し、その発展に寄与する態度を養うこと。
二 学校内外における自然体験活動を促進し、生命及び自然を尊重する精神並びに環境の保全に寄与する態度を養うこと。
三 我が国と郷土の現状と歴史について、正しい理解に導き、伝統と文化を尊重し、それらをはぐくんできた我が国と郷土を愛する態度を養うとともに、進んで外国の文化の理解を通じて、他国を尊重し、国際社会の平和と発展に寄与する態度を養うこと。
四 家族と家庭の役割、生活に必要な衣、食、住、情報、産業その他の事項について基礎的な理解と技能を養うこと。
五 読書に親しませ、生活に必要な国語を正しく理解し、使用する基礎的な能力を養うこと。
六 生活に必要な数量的な関係を正しく理解し、処理する基礎的な能力を養うこと。
七 生活にかかわる自然現象について、観察及び実験を通じて、科学的に理解し、処理する基礎的な能力を養うこと。
八 健康、安全で幸福な生活のために必要な習慣を養うとともに、運動を通じて体力を養い、心身の調和的発達を図ること。
九 生活を明るく豊かにする音楽、美術、文芸その他の芸術について基礎的な理解と技能を養うこと。
十 職業についての基礎的な知識と技能、勤労を重んずる態度及び個性に応じて将来の進路を選択する能力を養うこと。

第4章　小学校

〔小学校の目的〕
第29条 小学校は、心身の発達に応じて、義務教育として行われる普通教育のうち基礎的なものを施すことを目的とする。

〔小学校教育の目標〕
第30条 小学校における教育は、前条に規定する目的を実現するために必要な程度において第21条各号に掲げる目標を達成するよう行われるものとする。
② 前項の場合においては、生涯にわたり学習する基盤が培われるよう、基礎的な知識及び技能を習得させるとともに、これらを活用して課題を解決するために必要な思考力、判断力、表現力その他の能力をはぐくみ、主体的に学習に取り組む態度を養うことに、特に意を用いなければならない。

〔児童の体験活動の充実〕
第31条 小学校においては、前条第1項の規定による目標の達成に資するよう、教育指導を行うに当たり、児童の体験的な学習活動、特にボランティア活動など社会奉仕体験活動、自然体験活動その他の体験活動の充実に努めるものとする。この場合において、社会教育関係団体その

他の関係団体及び関係機関との連携に十分配慮しなければならない。
〔修業年限〕
第32条　小学校の修業年限は、6年とする。
〔教育課程〕
第33条　小学校の教育課程に関する事項は、第29条及び第30条の規定に従い、文部科学大臣が定める。
〔教科用図書その他の教材の使用〕
第34条　小学校においては、文部科学大臣の検定を経た教科用図書又は文部科学省が著作の名義を有する教科用図書を使用しなければならない。
②　前項に規定する教科用図書（以下この条において「教科用図書」という。）の内容を文部科学大臣の定めるところにより記録した電磁的記録（電子的方式、磁気的方式その他人の知覚によつては認識することができない方式で作られる記録であつて、電子計算機による情報処理の用に供されるものをいう。）である教材がある場合には、同項の規定にかかわらず、文部科学大臣の定めるところにより、児童の教育の充実を図るため必要があると認められる教育課程の一部において、教科用図書に代えて当該教材を使用することができる。
③　前項に規定する場合において、視覚障害、発達障害その他の文部科学大臣の定める事由により教科用図書を使用して学習することが困難な児童に対し、教科用図書に用いられた文字、図形等の拡大又は音声への変換その他の同項に規定する教材を電子計算機において用いることにより可能となる方法で指導することにより当該児童の学習上の困難の程度を低減させる必要があると認められるときは、文部科学大臣の定めるところにより、教育課程の全部又は一部において、教科用図書に代えて当該教材を使用することができる。
④　教科用図書及び第2項に規定する教材以外の教材で、有益適切なものは、これを使用することができる。
⑤　〔略〕
〔児童の出席停止〕
第35条　市町村の教育委員会は、次に掲げる行為の一又は二以上を繰り返し行う等性行不良であつて他の児童の教育に妨げがあると認める児童があるときは、その保護者に対して、児童の出席停止を命ずることができる。
一　他の児童に傷害、心身の苦痛又は財産上の損失を与える行為
二　職員に傷害又は心身の苦痛を与える行為
三　施設又は設備を損壊する行為
四　授業その他の教育活動の実施を妨げる行為
②　市町村の教育委員会は、前項の規定により出席停止を命ずる場合には、あらかじめ保護者の意見を聴取するとともに、理由及び期間を記載した文書を交付しなければならない。
③　前項に規定するもののほか、出席停止の命令の手続に関し必要な事項は、教育委員会規則で定めるものとする。
④　市町村の教育委員会は、出席停止の命令に係る児童の出席停止の期間における学習に対する支援その他の教育上必要な措置を講ずるものとする。
〔学齢未満の子の入学禁止〕
第36条　学齢に達しない子は、小学校に入学させることができない。
〔職員〕
第37条　小学校には、校長、教頭、教諭、養護教諭及び事務職員を置かなければならない。
②　小学校には、前項に規定するもののほか、副校長、主幹教諭、指導教諭、栄養教諭その他必要な職員を置くことができる。
③　第1項の規定にかかわらず、副校長を置くときその他特別の事情のあるときは教頭を、養護をつかさどる主幹教諭を置くときは養護教諭を、特別の事情のあるときは事務職員を、それぞれ置かないことができる。
④　校長は、校務をつかさどり、所属職員を監督する。
⑤　副校長は、校長を助け、命を受けて校務をつかさどる。
⑥　副校長は、校長に事故があるときはその職務を代理し、校長が欠けたときはその職務を行う。この場合において、副校長が2人以上あるときは、あらかじめ校長が定めた順序で、その職務を代理し、又は行う。
⑦　教頭は、校長（副校長を置く小学校にあつては、校長及び副校長）を助け、校務を整理し、及び必要に応じ児童の教育をつかさどる。
⑧　教頭は、校長（副校長を置く小学校にあつては、校長及び副校長）に事故があるときは校長の職務を代理し、校長（副校長を置く小学校に

あつては、校長及び副校長）が欠けたときは校長の職務を行う。この場合において、教頭が２人以上あるときは、あらかじめ校長が定めた順序で、校長の職務を代理し、又は行う。
⑨　主幹教諭は、校長（副校長を置く小学校にあつては、校長及び副校長）及び教頭を助け、命を受けて校務の一部を整理し、並びに児童の教育をつかさどる。
⑩　指導教諭は、児童の教育をつかさどり、並びに教諭その他の職員に対して、教育指導の改善及び充実のために必要な指導及び助言を行う。
⑪　教諭は、児童の教育をつかさどる。
⑫　養護教諭は、児童の養護をつかさどる。
⑬　栄養教諭は、児童の栄養の指導及び管理をつかさどる。
⑭　事務職員は、事務をつかさどる。
⑮　助教諭は、教諭の職務を助ける。
⑯　講師は、教諭又は助教諭に準ずる職務に従事する。
⑰　養護助教諭は、養護教諭の職務を助ける。
⑱　特別の事情のあるときは、第１項の規定にかかわらず、教諭に代えて助教諭又は講師を、養護教諭に代えて養護助教諭を置くことができる。
⑲　学校の実情に照らし必要があると認めるときは、第９項の規定にかかわらず、校長（副校長を置く小学校にあつては、校長及び副校長）及び教頭を助け、命を受けて校務の一部を整理し、並びに児童の養護又は栄養の指導及び管理をつかさどる主幹教諭を置くことができる。

〔小学校設置義務〕
第38条　市町村は、その区域内にある学齢児童を就学させるに必要な小学校を設置しなければならない。ただし、教育上有益かつ適切であると認めるときは、義務教育学校の設置をもつてこれに代えることができる。

〔学校組合の設置〕
第39条　市町村は、適当と認めるときは、前条の規定による事務の全部又は一部を処理するため、市町村の組合を設けることができる。

〔学校運営評価〕
第42条　小学校は、文部科学大臣の定めるところにより当該小学校の教育活動その他の学校運営の状況について評価を行い、その結果に基づき学校運営の改善を図るため必要な措置を講ずることにより、その教育水準の向上に努めなければ
ばならない。

〔学校運営情報提供義務〕
第43条　小学校は、当該小学校に関する保護者及び地域住民その他の関係者の理解を深めるとともに、これらの者との連携及び協力の推進に資するため、当該小学校の教育活動その他の学校運営の状況に関する情報を積極的に提供するものとする。

〔私立小学校の所管〕
第44条　私立の小学校は、都道府県知事の所管に属する。

第５章　中学校

〔中学校の目的〕
第45条　中学校は、小学校における教育の基礎の上に、心身の発達に応じて、義務教育として行われる普通教育を施すことを目的とする。

〔中学校教育の目標〕
第46条　中学校における教育は、前条に規定する目的を実現するため、第21条各号に掲げる目標を達成するよう行われるものとする。

〔修業年限〕
第47条　中学校の修業年限は、３年とする。

〔教育課程〕
第48条　中学校の教育課程に関する事項は、第45条及び第46条の規定並びに次条において読み替えて準用する第30条第２項の規定に従い、文部科学大臣が定める。

第５章の２　義務教育学校

〔義務教育学校の目的〕
第49条の２　義務教育学校は、心身の発達に応じて、義務教育として行われる普通教育を基礎的なものから一貫して施すことを目的とする。

〔義務教育学校の目標〕
第49条の３　義務教育学校における教育は、前条に規定する目的を実現するため、第21条各号に掲げる目標を達成するよう行われるものとする。

〔修業年限〕
第49条の４　義務教育学校の修業年限は、９年とする。

〔義務教育学校の課程区分〕
第49条の５　義務教育学校の課程は、これを前期６年の前期課程及び後期３年の後期課程に区分する。

〔各課程教育の目標〕
第49条の6 義務教育学校の前期課程における教育は、第49条の2に規定する目的のうち、心身の発達に応じて、義務教育として行われる普通教育のうち基礎的なものを施すことを実現するために必要な程度において第21条各号に掲げる目標を達成するよう行われるものとする。
② 義務教育学校の後期課程における教育は、第49条の2に規定する目的のうち、前期課程における教育の基礎の上に、心身の発達に応じて、義務教育として行われる普通教育を施すことを実現するため、第21条各号に掲げる目標を達成するよう行われるものとする。

〔各課程の教育課程〕
第49条の7 義務教育学校の前期課程及び後期課程の教育課程に関する事項は、第49条の2、第49条の3及び前条の規定並びに次条において読み替えて準用する第30条第2項の規定に従い、文部科学大臣が定める。

第6章　高等学校

〔高等学校の目的〕
第50条 高等学校は、中学校における教育の基礎の上に、心身の発達及び進路に応じて、高度な普通教育及び専門教育を施すことを目的とする。

〔高等学校教育の目標〕
第51条 高等学校における教育は、前条に規定する目的を実現するため、次に掲げる目標を達成するよう行われるものとする。
一　義務教育として行われる普通教育の成果を更に発展拡充させて、豊かな人間性、創造性及び健やかな身体を養い、国家及び社会の形成者として必要な資質を養うこと。
二　社会において果たさなければならない使命の自覚に基づき、個性に応じて将来の進路を決定させ、一般的な教養を高め、専門的な知識、技術及び技能を習得させること。
三　個性の確立に努めるとともに、社会について、広く深い理解と健全な批判力を養い、社会の発展に寄与する態度を養うこと。

〔学科・教育課程〕
第52条 高等学校の学科及び教育課程に関する事項は、前二条の規定及び第62条において読み替えて準用する第30条第2項の規定に従い、文部科学大臣が定める。

〔定時制の課程〕
第53条 高等学校には、全日制の課程のほか、定時制の課程を置くことができる。
② 高等学校には、定時制の課程のみを置くことができる。

〔通信制の課程〕
第54条 高等学校には、全日制の課程又は定時制の課程のほか、通信制の課程を置くことができる。
② 高等学校には、通信制の課程のみを置くことができる。
③・④　〔略〕

〔修業年限〕
第56条 高等学校の修業年限は、全日制の課程については、3年とし、定時制の課程及び通信制の課程については、3年以上とする。

〔入学資格〕
第57条 高等学校に入学することのできる者は、中学校若しくはこれに準ずる学校若しくは義務教育学校を卒業した者若しくは中等教育学校の前期課程を修了した者又は文部科学大臣の定めるところにより、これと同等以上の学力があると認められた者とする。

〔入学・退学・転学等〕
第59条 高等学校に関する入学、退学、転学その他必要な事項は、文部科学大臣が、これを定める。

〔職員〕
第60条 高等学校には、校長、教頭、教諭及び事務職員を置かなければならない。
② 高等学校には、前項に規定するもののほか、副校長、主幹教諭、指導教諭、養護教諭、栄養教諭、養護助教諭、実習助手、技術職員その他必要な職員を置くことができる。
③ 第1項の規定にかかわらず、副校長を置くときは、教頭を置かないことができる。
④ 実習助手は、実験又は実習について、教諭の職務を助ける。
⑤ 特別の事情のあるときは、第1項の規定にかかわらず、教諭に代えて助教諭又は講師を置くことができる。
⑥ 技術職員は、技術に従事する。

〔2人以上の教頭の設置〕
第61条 高等学校に、全日制の課程、定時制の課程又は通信制の課程のうち二以上の課程を置くときは、それぞれの課程に関する校務を分担し

て整理する教頭を置かなければならない。ただし、命を受けて当該課程に関する校務をつかさどる副校長が置かれる一の課程については、この限りでない。

第7章　中等教育学校
〔中等教育学校の目的〕
第63条　中等教育学校は、小学校における教育の基礎の上に、心身の発達及び進路に応じて、義務教育として行われる普通教育並びに高度な普通教育及び専門教育を一貫して施すことを目的とする。

〔中等教育学校の目標〕
第64条　中等教育学校における教育は、前条に規定する目的を実現するため、次に掲げる目標を達成するよう行われるものとする。
一　豊かな人間性、創造性及び健やかな身体を養い、国家及び社会の形成者として必要な資質を養うこと。
二　社会において果たさなければならない使命の自覚に基づき、個性に応じて将来の進路を決定させ、一般的な教養を高め、専門的な知識、技術及び技能を習得させること。
三　個性の確立に努めるとともに、社会について、広く深い理解と健全な批判力を養い、社会の発展に寄与する態度を養うこと。

〔修業年限〕
第65条　中等教育学校の修業年限は、6年とする。

〔課程〕
第66条　中等教育学校の課程は、これを前期3年の前期課程及び後期3年の後期課程に区分する。

〔各課程の目標〕
第67条　中等教育学校の前期課程における教育は、第63条に規定する目的のうち、小学校における教育の基礎の上に、心身の発達に応じて、義務教育として行われる普通教育を施すことを実現するため、第21条各号に掲げる目標を達成するよう行われるものとする。
②　中等教育学校の後期課程における教育は、第63条に規定する目的のうち、心身の発達及び進路に応じて、高度な普通教育及び専門教育を施すことを実現するため、第64条各号に掲げる目標を達成するよう行われるものとする。

〔各課程の学科・教育課程〕
第68条　中等教育学校の前期課程の教育課程に関する事項並びに後期課程の学科及び教育課程に関する事項は、第63条、第64条及び前条の規定並びに第70条第1項において読み替えて準用する第30条第2項の規定に従い、文部科学大臣が定める。

〔職員〕
第69条　中等教育学校には、校長、教頭、教諭、養護教諭及び事務職員を置かなければならない。
②　中等教育学校には、前項に規定するもののほか、副校長、主幹教諭、指導教諭、栄養教諭、実習助手、技術職員その他必要な職員を置くことができる。
③　第1項の規定にかかわらず、副校長を置くときは教頭を、養護をつかさどる主幹教諭を置くときは養護教諭を、それぞれ置かないことができる。
④　特別の事情のあるときは、第1項の規定にかかわらず、教諭に代えて助教諭又は講師を、養護教諭に代えて養護助教諭を置くことができる。

学校教育法施行規則（抄）

昭和22年5月23日
文部省令第11号
最終改正　平成31年2月4日文科令3号

第4章　小学校
第1節　設備編制

〔設備基準〕
第40条　小学校の設備、編制その他設置に関する事項は、この節に定めるもののほか、小学校設置基準（平成14年文部科学省令第14号）の定めるところによる。

〔学級数〕
第41条　小学校の学級数は、12学級以上18学級以下を標準とする。ただし、地域の実態その他により特別の事情のあるときは、この限りでない。

〔分校の学級数〕

第42条　小学校の分校の学級数は、特別の事情のある場合を除き、5学級以下とし、前条の学級数に算入しないものとする。
〔校務分掌〕
第43条　小学校においては、調和のとれた学校運営が行われるためにふさわしい校務分掌の仕組みを整えるものとする。
〔教務主任・学年主任〕
第44条　小学校には、教務主任及び学年主任を置くものとする。
2　前項の規定にかかわらず、第4項に規定する教務主任の担当する校務を整理する主幹教諭を置くときその他特別の事情のあるときは教務主任を、第5項に規定する学年主任の担当する校務を整理する主幹教諭を置くときその他特別の事情のあるときは学年主任を、それぞれ置かないことができる。
3　教務主任及び学年主任は、指導教諭又は教諭をもって、これに充てる。
4　教務主任は、校長の監督を受け、教育計画の立案その他の教務に関する事項について連絡調整及び指導、助言に当たる。
5　学年主任は、校長の監督を受け、当該学年の教育活動に関する事項について連絡調整及び指導、助言に当たる。
〔保健主事〕
第45条　小学校においては、保健主事を置くものとする。
2　前項の規定にかかわらず、第4項に規定する保健主事の担当する校務を整理する主幹教諭を置くときその他特別の事情のあるときは、保健主事を置かないことができる。
3　保健主事は、指導教諭、教諭又は養護教諭をもって、これに充てる。
4　保健主事は、校長の監督を受け、小学校における保健に関する事項の管理に当たる。
〔事務主任〕
第46条　小学校には、事務長又は事務主任を置くことができる。
2　事務長及び事務主任は、事務職員をもって、これに充てる。
3　事務長は、校長の監督を受け、事務職員その他の職員が行う事務を総括する。
4　事務主任は、校長の監督を受け、事務に関する事項について連絡調整及び指導、助言に当たる。

〔校務を分担する主任等〕
第47条　小学校においては、前三条に規定する教務主任、学年主任、保健主事及び事務主任のほか、必要に応じ、校務を分担する主任等を置くことができる。
〔職員会議の設置〕
第48条　小学校には、設置者の定めるところにより、校長の職務の円滑な執行に資するため、職員会議を置くことができる。
2　職員会議は、校長が主宰する。
〔学校評議員の設置〕
第49条　小学校には、設置者の定めるところにより、学校評議員を置くことができる。
2　学校評議員は、校長の求めに応じ、学校運営に関し意見を述べることができる。
3　学校評議員は、当該小学校の職員以外の者で教育に関する理解及び識見を有するもののうちから、校長の推薦により、当該小学校の設置者が委嘱する。

第2節　教育課程

〔教育課程の編成〕
第50条　小学校の教育課程は、国語、社会、算数、理科、生活、音楽、図画工作、家庭、体育及び外国語〔※下線部は令和2年4月1日施行〕の各教科（以下この節において「各教科」という。）、特別の教科である道徳、外国語活動、総合的な学習の時間並びに特別活動によって編成するものとする。
2　私立の小学校の教育課程を編成する場合は、前項の規定にかかわらず、宗教を加えることができる。この場合においては、宗教をもって前項の特別の教科である道徳に代えることができる。
〔授業時数〕
第51条　小学校（第52条の2第2項に規定する中学校連携型小学校及び第79条の9第2項に規定する中学校併設型小学校を除く。）の各学年における各教科、特別の教科である道徳、外国語活動、総合的な学習の時間及び特別活動のそれぞれの授業時数並びに各学年におけるこれらの総授業時数は、別表第1に定める授業時数を標準とする。
〔教育課程の基準〕
第52条　小学校の教育課程については、この節に定めるもののほか、教育課程の基準として文部

科学大臣が別に公示する小学校学習指導要領によるものとする。

〔連携型小学校の教育課程の編成〕
第52条の2　小学校（第79条の9第2項に規定する中学校併設型小学校を除く。）においては、中学校における教育との一貫性に配慮した教育を施すため、当該小学校の設置者が当該中学校の設置者との協議に基づき定めるところにより、教育課程を編成することができる。
2　前項の規定により教育課程を編成する小学校（以下「中学校連携型小学校」という。）は、第74条の2第1項の規定により教育課程を編成する中学校と連携し、その教育課程を実施するものとする。

〔連携型小学校の授業時数〕
第52条の3　中学校連携型小学校の各学年における各教科、特別の教科である道徳、外国語活動、総合的な学習の時間及び特別活動のそれぞれの授業時数並びに各学年におけるこれらの総授業時数は、別表第2の2に定める授業時数を標準とする。

〔連携型小学校の教育課程〕
第52条の4　中学校連携型小学校の教育課程については、この章に定めるもののほか、教育課程の基準の特例として文部科学大臣が別に定めるところによるものとする。

〔教育課程編成の特例〕
第53条　小学校においては、必要がある場合には、一部の各教科について、これらを合わせて授業を行うことができる。

〔履修困難な各教科の学習指導〕
第54条　児童が心身の状況によつて履修することが困難な各教科は、その児童の心身の状況に適合するように課さなければならない。

〔教育課程の研究上の特例〕
第55条　小学校の教育課程に関し、その改善に資する研究を行うため特に必要があり、かつ、児童の教育上適切な配慮がなされていると文部科学大臣が認める場合においては、文部科学大臣が別に定めるところにより、第50条第1項、第51条（中学校連携型小学校にあつては第52条の3、第79条の9第2項に規定する中学校併設型小学校にあつては第79条の12において準用する第79条の5第1項）又は第52条の規定によらないことができる。

第3節　学年及び授業日

〔学年〕
第59条　小学校の学年は、4月1日に始まり、翌年3月31日に終わる。

〔授業終始の時刻〕
第60条　授業終始の時刻は、校長が定める。

第4節　職員

〔講師の勤務態様〕
第64条　講師は、常時勤務に服しないことができる。

〔学校用務員〕
第65条　学校用務員は、学校の環境の整備その他の用務に従事する。

〔スクールカウンセラー〕
第65条の2　スクールカウンセラーは、小学校における児童の心理に関する支援に従事する。

〔スクールソーシャルワーカー〕
第65条の3　スクールソーシャルワーカーは、小学校における児童の福祉に関する支援に従事する。

第5節　学校評価

〔学校運営自己評価と結果公表義務〕
第66条　小学校は、当該小学校の教育活動その他の学校運営の状況について、自ら評価を行い、その結果を公表するものとする。
2　前項の評価を行うに当たつては、小学校は、その実情に応じ、適切な項目を設定して行うものとする。

〔保護者等による学校評価〕
第67条　小学校は、前条第1項の規定による評価の結果を踏まえた当該小学校の児童の保護者その他の当該小学校の関係者（当該小学校の職員を除く。）による評価を行い、その結果を公表するよう努めるものとする。

〔学校評価結果報告義務〕
第68条　小学校は、第66条第1項の規定による評価の結果及び前条の規定により評価を行つた場合はその結果を、当該小学校の設置者に報告するものとする。

第5章　中学校

〔設置基準〕
第69条　中学校の設備、編制その他設置に関する事項は、この章に定めるもののほか、中学校設

置基準（平成14年文部科学省令第15号）の定めるところによる。

〔生徒指導主事〕

第70条　中学校には、生徒指導主事を置くものとする。

2　前項の規定にかかわらず、第4項に規定する生徒指導主事の担当する校務を整理する主幹教諭を置くときその他特別の事情のあるときは、生徒指導主事を置かないことができる。

3　生徒指導主事は、指導教諭又は教諭をもって、これに充てる。

4　生徒指導主事は、校長の監督を受け、生徒指導に関する事項をつかさどり、当該事項について連絡調整及び指導、助言に当たる。

〔進路指導主事〕

第71条　中学校には、進路指導主事を置くものとする。

2　前項の規定にかかわらず、第3項に規定する進路指導主事の担当する校務を整理する主幹教諭を置くときは、進路指導主事を置かないことができる。

3　進路指導主事は、指導教諭又は教諭をもって、これに充てる。校長の監督を受け、生徒の職業選択の指導その他の進路の指導に関する事項をつかさどり、当該事項について連絡調整及び指導、助言に当たる。

〔教育課程の編成〕

第72条　中学校の教育課程は、国語、社会、数学、理科、音楽、美術、保健体育、技術・家庭及び外国語の各教科（以下本章及び第7章中「各教科」という。）、特別の教科である道徳、総合的な学習の時間並びに特別活動によって編成するものとする。

〔授業時数〕

第73条　中学校（併設型中学校、第74条の2第2項に規定する小学校連携型中学校、第75条第2項に規定する連携型中学校及び第79条の9第2項に規定する小学校併設型中学校を除く。）の各学年における各教科、特別の教科である道徳、総合的な学習の時間及び特別活動のそれぞれの授業時数並びに各学年におけるこれらの総授業時数は、別表第2に定める授業時数を標準とする。

〔教育課程の基準〕

第74条　中学校の教育課程については、この章に定めるもののほか、教育課程の基準として文部科学大臣が別に公示する中学校学習指導要領によるものとする。

〔小学校連携型中学校の教育課程の編成〕

第74条の2　中学校（併設型中学校、第75条第2項に規定する連携型中学校及び第79条の9第2項に規定する小学校併設型中学校を除く。）においては、小学校における教育との一貫性に配慮した教育を施すため、当該中学校の設置者が当該小学校の設置者との協議に基づき定めるところにより、教育課程を編成することができる。

2　前項の規定により教育課程を編成する中学校（以下「小学校連携型中学校」という。）は、中学校連携型小学校と連携し、その教育課程を実施するものとする。

〔小学校連携型中学校の授業時数〕

第74条の3　小学校連携型中学校の各学年における各教科、特別の教科である道徳、総合的な学習の時間及び特別活動のそれぞれの授業時数並びに各学年におけるこれらの総授業時数は、別表第2の3に定める授業時数を標準とする。

〔小学校連携型中学校の教育課程〕

第74条の4　小学校連携型中学校の教育課程については、この章に定めるもののほか、教育課程の基準の特例として文部科学大臣が別に定めるところによるものとする。

〔連携型中学校の教育課程の編成〕

第75条　中学校（併設型中学校、小学校連携型中学校及び第79条の9第2項に規定する小学校併設型中学校を除く。）においては、高等学校における教育との一貫性に配慮した教育を施すため、当該中学校の設置者が当該高等学校の設置者との協議に基づき定めるところにより、教育課程を編成することができる。

2　前項の規定により教育課程を編成する中学校（以下「連携型中学校」という。）は、第87条第1項の規定により教育課程を編成する高等学校と連携し、その教育課程を実施するものとする。

〔連携型中学校の授業時数〕

第76条　連携型中学校の各学年における各教科、特別の教科である道徳、総合的な学習の時間及び特別活動のそれぞれの授業時数並びに各学年におけるこれらの総授業時数は、別表第四に定める授業時数を標準とする。

〔連携型の教育課程〕

第77条　連携型中学校の教育課程については、この章に定めるもののほか、教育課程の基準の特例として文部科学大臣が別に定めるところによるものとする。

〔進学生徒の調査書等の送付〕
第78条　校長は、中学校卒業後、高等学校、高等専門学校その他の学校に進学しようとする生徒のある場合には、調査書その他必要な書類をその生徒の進学しようとする学校の校長に送付しなければならない。ただし、第90条第3項（第135条第5項において準用する場合を含む。）及び同条第4項の規定に基づき、調査書を入学者の選抜のための資料としない場合は、調査書の送付を要しない。

〔部活動指導員〕
第78条の2　部活動指導員は、中学校におけるスポーツ、文化、科学等に関する教育活動（中学校の教育課程として行われるものを除く。）に係る技術的な指導に従事する。

　　　第6章　高等学校
　　　　第1節　設備、編制、学科及び教育課程

〔設置基準〕
第80条　高等学校の設備、編制、学科の種類その他設置に関する事項は、この節に定めるもののほか、高等学校設置基準（平成16年文部科学省令第20号）の定めるところによる。

〔学科主任・農場長〕
第81条　二以上の学科を置く高等学校には、専門教育を主とする学科（以下「専門学科」という。）ごとに学科主任を置き、農業に関する専門学科を置く高等学校には、農場長を置くものとする。
2　前項の規定にかかわらず、第4項に規定する学科主任の担当する校務を整理する主幹教諭を置くときその他特別の事情のあるときは学科主任を、第5項に規定する農場長の担当する校務を整理する主幹教諭を置くときその他特別の事情のあるときは農場長を、それぞれ置かないことができる。
3　学科主任及び農場長は、指導教諭又は教諭をもつて、これに充てる。
4　学科主任は、校長の監督を受け、当該学科の教育活動に関する事項について連絡調整及び指導、助言に当たる。
5　農場長は、校長の監督を受け、農業に関する実習地及び実習施設の運営に関する事項をつかさどる。

〔事務長〕
第82条　高等学校には、事務長を置くものとする。
2　事務長は、事務職員をもつて、これに充てる。
3　事務長は、校長の監督を受け、事務職員その他の職員が行う事務を総括する。

〔教育課程の編成〕
第83条　高等学校の教育課程は、別表第3に定める各教科に属する科目、総合的な学習の時間〔令和4年4月1日からは「総合的な探究の時間」〕及び特別活動によつて編成するものとする。

〔教育課程の基準〕
第84条　高等学校の教育課程については、この章に定めるもののほか、教育課程の基準として文部科学大臣が別に公示する高等学校学習指導要領によるものとする。

〔一貫教育のための教育課程編成〕
第87条　高等学校（学校教育法第71条の規定により中学校における教育と一貫した教育を施すもの（以下「併設型高等学校」という。）を除く。）においては、中学校における教育との一貫性に配慮した教育を施すため、当該高等学校の設置者が当該中学校の設置者との協議に基づき定めるところにより、教育課程を編成することができる。
2　前項の規定により教育課程を編成する高等学校（以下「連携型高等学校」という。）は、連携型中学校と連携し、その教育課程を実施するものとする。

〔連携型の教育課程の特例〕
第88条　連携型高等学校の教育課程については、この章に定めるもののほか、教育課程の基準の特例として文部科学大臣が別に定めるところによるものとする。

〔国際バカロレア認定校の教育課程の特例〕
第88条の2　スイス民法典に基づく財団法人である国際バカロレア事務局から国際バカロレア・ディプロマ・プログラムを提供する学校として認められた高等学校の教育課程については、この章に定めるもののほか、教育課程の基準の特例として文部科学大臣が別に定めるところによるものとする。

〔メディア利用教室外履修〕
第88条の3　高等学校は、文部科学大臣が別に定めるところにより、授業を、多様なメディアを高度に利用して、当該授業を行う教室等以外の場所で履修させることができる。

〔教科用図書の特例〕
第89条　高等学校においては、文部科学大臣の検定を経た教科用図書又は文部科学省が著作の名義を有する教科用図書のない場合には、当該高等学校の設置者の定めるところにより、他の適切な教科用図書を使用することができる。

2　第56条の5の規定は、学校教育法附則第9条第2項において準用する同法第34条第2項又は第3項の規定により前項の他の適切な教科用図書に代えて使用する教材について準用する。

第2節　入学、退学、転学、留学、休学及び卒業等

〔入学の許可、入学者の選抜〕
第90条　高等学校の入学は、第78条の規定により送付された調査書その他必要な書類、選抜のための学力検査（以下この条において「学力検査」という。）の成績等を資料として行う入学者の選抜に基づいて、校長が許可する。

2　学力検査は、特別の事情のあるときは、行わないことができる。

3　調査書は、特別の事情のあるときは、入学者の選抜のための資料としないことができる。

4　連携型高等学校における入学者の選抜は、第75条第1項の規定により編成する教育課程に係る連携型中学校の生徒については、調査書及び学力検査の成績以外の資料により行うことができる。

5　公立の高等学校（公立大学法人の設置する高等学校を除く。）に係る学力検査は、当該高等学校を設置する都道府県又は市町村の教育委員会が行う。

〔外国の高等学校への留学、その単位の認定〕
第93条　校長は、教育上有益と認めるときは、生徒が外国の高等学校に留学することを許可することができる。

2　校長は、前項の規定により留学することを許可された生徒について、外国の高等学校における履修を高等学校における履修とみなし、36単位を超えない範囲で単位の修得を認定することができる。

3　校長は、前項の規定により単位の修得を認定された生徒について、第104条第1項において準用する第59条又は第104条第2項に規定する学年の途中においても、各学年の課程の修了又は卒業を認めることができる。

〔校長の全課程修了の認定〕
第96条　校長は、生徒の高等学校の全課程の修了を認めるに当たつては、高等学校学習指導要領の定めるところにより、74単位以上を修得した者について行わなければならない。ただし、第85条、第85条の2又は第86条の規定により、高等学校の教育課程に関し第83条又は第84条の規定によらない場合においては、文部科学大臣が別に定めるところにより行うものとする。

2　前項前段の規定により全課程の修了の要件として修得すべき74単位のうち、第88条の3に規定する授業の方法により修得する単位数は36単位を超えないものとする。

【著者紹介】

山﨑保寿（やまざき やすとし）

静岡大学理学部卒，高校教員を経て，筑波大学大学院教育研究科修了。静岡県総合教育センター指導主事。信州大学教育学部教授，静岡大学教育学部教授・附属浜松小学校校長（兼務），松本大学教授（教職センター長）。静岡大学名誉教授。博士（学術）。専門分野は，学校経営，教育課程，キャリア教育，教員研修など。

著 書
『総合的な学習の教育経営ビジョン』（信濃教育会出版部，2000年）
『教育課程の理論と実践』（学陽書房，2004年，第1次改訂版2008年，黒羽正見と共著）
『教務主任の仕事術2』（教育開発研究所，2013年，編著書）
『キャリア教育の基礎・基本』（学事出版，2013年，編著書）
『教務主任ミドルマネジメント研修BOOK』（教育開発研究所，2014年，編著書）
『「社会に開かれた教育課程」のカリキュラム・マネジメント』（学事出版，2018年）　他多数。

論 文
「教育課程編成とアカウンタビリティに関する考察」日本学校教育学会紀要『学校教育研究』第15号，2000年
「総合的な学習の時間のカリキュラム効果に関する実証的研究」『カリキュラム研究』第12号，2003年
「学力問題と学校教育実践としての学力向上方策」日本学校教育学会紀要『学校教育研究』第21号，2006年8月
「教師の職能成長に関する研究の動向と課題」『日本教育経営学会紀要』第51号，2009年
「学力の向上と学校の組織力―学力向上問題の多層的位相と学校の組織的対応の課題―」『日本教育経営学会紀要』第52号，2010年
「青少年の自尊感情の成立・向上に関する基本構造―21世紀型学力像析出のために―」日本学校教育学会紀要『学校教育研究』第28号，2013年7月　　他多数。

未来を拓く教師のための教育課程論
学習指導要領からカリキュラム・マネジメントまで

2019年9月20日	初版発行
2024年8月9日	3刷発行

著者	山﨑保寿（やまざきやすとし）
発行者	佐久間重嘉
発行所	株式会社 学陽書房 東京都千代田区飯田橋1-9-3　〒102-0072 営業部　TEL03-3261-1111　FAX03-5211-3300 編集部　TEL03-3261-1112　FAX03-5211-3301 振　替　00170-4-84240 http://www.gakuyo.co.jp/
ブックデザイン	北路社
DTP制作	みどり工芸社
印刷	精文堂印刷
製本	東京美術紙工

©Yasutoshi Yamazaki 2019, Printed in Japan
ISBN978-4-313-61143-6　C1037

乱丁・落丁本は、送料小社負担にてお取り替えいたします。
定価はカバーに表示してあります。

JCOPY〈出版者著作権管理機構 委託出版物〉
本書の無断複製は著作権法上での例外を除き禁じられています。複製される場合は、そのつど事前に、出版者著作権管理機構（電話03-5244-5088、FAX 03-5244-5089、e-mail: info@jcopy.or.jp）の許諾を得てください。